喵星人的生活哲學

從工作、戀愛到人際，一掃煩憂的處世之道

Jam／著　曹茹蘋／譯

我家以前有五隻貓。

每隻貓雖然都是
有血緣關係的一家人……
但無論是體型大小……
還是個性……
或對食物的喜好……
都各不相同……

明明在同樣的環境長大，
彼此之間卻有著
如此大的差異……

同是一家人的貓咪之間，
也有著類似人際關係的
「貓際關係」……

難過的時候，

悲傷的時候，

寂寞的時候，

開心的時候，

我和貓咪一起
共度許多時光……

產生了許多
感情……

也經歷過許多
離別……

我原本以為是
我在養貓……
但真正被養育的人……
或許其實
是我。

前言

如同和人接觸能夠學到許多事情一樣，我也透過和貓相處學習到了許多。

雖然表面上看起來是我在養貓，但總感覺是貓在幫助我成長。

自從向貓咪學習之後，即便是以前很認真煩惱的事情，我也變得能夠想著「嗯嗯，如果是貓大概會這麼做吧」，而稍微放寬心，又或者是抱著「如果是貓，不曉得牠們會怎麼想？」的想法去觀察貓咪們，然後運用在每天生活當中。

一如書名所言，我透過「向貓咪看齊（此為日文原書名）」學會了許多事。雖然說，貓咪們可能會想「我們才沒有那麼說呢，喵……」就是了（苦笑）。

人類和動物生活的世界不同，也有著不一樣的規則，因此要是全部都拿來當作參考，就會變成像原始人一樣奔放的人。不過，貓確實是一種神祕的生物，有時會做出像人一般的舉動，有時又會散發出非人的神聖感，所以才會有許多作品都以貓咪作為題材，傳說故事中也有許多與貓相關的軼聞。貓咪真的是種和人一樣會受到傳頌，甚至連生存之道也能夠當作教訓，充滿著奇妙魅力的生物呢。

我平時經常會到淺草的今戶神社參拜，那裡不僅供奉著巨大的招財貓雕像，神社境內也擺放了許多貓咪雕像，甚至還有據說遇見牠願望就能實現的著名貓咪。其實我當初之所以會造訪這間神社，是因為一位以描繪貓咪故事聞名的漫畫家，他在訪談中提到自從來參拜後工作就變得很順利，於是我也想來祈求好運。

事實上，我在參拜之後，我所畫的貓咪漫畫就突然在社群網站上獲得迴響，還有許多與貓咪相關的工作機會找上門；當時的我本來是一位遊戲設計師，但現在已經成為專門撰寫貓咪相關書籍的作家了。

無論何時，總是有許多人來到今戶神社參拜。每當我看著絡繹不絕的香客，總會覺得大家不單單只是因為「結緣的神社」而前來，應該也有人像我一樣是抱著「貓咪應該會帶給我什麼幫助吧」的想法。

我會向我家的貓咪學習，或許正是出於這個理由也說不定。

「如果是貓咪……」、「這種時候要像貓一樣」、「只要把那個想成是貓……」等，我以這樣的觀點，在本書中寫下透過貓咪學到的心情轉換方式，以及讓心情變得比較輕鬆的方法。

倘若讀了本書後能為你帶來幫助，那將是我最大的榮幸。

contents

喵星人的生活哲學

第1章 朋友

第2章 戀愛

第3章 工作

第4章 陌生人

第5章 自己

第1章

朋友

friend
01

做自己就好

無論何時都照自己的意思去生活雖然比較開心……
呼——…
可是要展現真實的自己好難喔。
喵—
噠噠噠

你不管何時都好溫柔又愛撒嬌呢……
哎呀呀
貓咪無論在誰面前都好做自己……
咚!

嘶哈哈
醫院
…
被抓傷了?…
訪客
什麼!?
喵—

貓咪原來也表裡不一啊……
啊……
或許沒有必要隨時都展現出真實面貌……
跳!

要是有人問我，活著到底該不該隨時展現真實的自己，我會回答可以視情況保有人前人後兩種面貌。

總是隨心所欲做自己的貓咪生存之道雖然令人羨慕，但其實只要仔細觀察，就會發現貓咪也會視情況表現出不一樣的態度。像是平時明明很黏人，但只要有客人來訪，就會離得遠遠地露出一副「我不會跟你撒嬌的喔？」的表情。又或者當我不在場的時候，對客人或其他家人採取完全不同的態度……。

我曾經思考過「哪個才是貓咪真實的面貌呢？」，但或許兩者都是貓咪真實的樣子吧。所謂的自我樣貌說不定不只一個。

我想，人們會認為做自己的生存之道比較好，是因為壓抑自己的心情勉強活著很痛苦。然而之所以還是有許多人不太會展現出真實的自己，或許是因為仍有勉強的必要吧。

有的人會在喜歡的人面前稍微耍帥，也有人想在職場上維持理想的形象。那時的自己雖然和原本的自己有些不同，卻也是配合當下的場合所展現出來的自我面貌。

一旦決定「應該要隨時展現真實的自己」時，這樣的想法也會成為一種制約。所以，我認為不需要勉強，只要視情況展現出自己想展現的樣子就好。

friend
02

儘管逃離依賴自己的人

在對方有難時
會出手相助，
才算朋友吧？
既然是朋友
就幫幫我啦。

貓是一種
很會忍耐的
動物……
喵
咦？

就算難受也會
隱藏自己的疼痛，
所以要隨時留意
關心才行……
我沒事喔……
我不痛喵……
這一點，
和人類的朋友
十分相似……

正因為貓和
朋友都不會
輕易向人求助
才教人擔心。
勸你不要
濫用朋友
這個詞喔。

「是朋友就必須~才行」和「養了貓就不會結婚」一樣，是未必非得如此的事情。即便是朋友也不需要接受對方所有的要求，假使對方過度依賴，只要和對方斷絕朋友關係就好。朋友之間沒有強制「一定要怎樣才可以」，只要在自己打從內心想要幫助對方、理解對方的心情時，再這麼做就好。

所謂朋友，是因為雙方彼此喜歡、互相重視才能夠成為朋友，並不是為了方便自己使喚而存在的工具人。

朋友確實會幫助我們，或是替我們擔心。我對於朋友這個角色也有相同的想法。但是，那應該是建立在雙方的意願之下，而不應該把朋友的幫助當成義務去要求對方。況且，既然對方是自己很重要的人，那就更不應該讓對方為自己顧慮那麼多，不是嗎？

「是朋友就幫我做這做那」會像這樣依賴別人的人，只不過是在濫用朋友這個詞。因為那句話背後的意思，就等於是在說「既然是朋友，你就忍耐一下」。遇到這種人時，最好和對方保持適當的距離。對於過度依賴他人的人而言，朋友不是「因為喜歡才在一起的人」，而是「能夠免費幫我做事的工具人」。

friend

03

不善接觸人群也無妨

我很不擅長接觸人群……出社會還這樣很糟糕對吧……
唉……
人家不是常說，狗喜歡群聚，貓喜歡孤獨，這就是天性嗎？
不過啊……其實也有的貓咪不是這樣喔……
假使硬逼那樣的貓咪獨處……
不行！
喵－
啊啊啊……好可憐……
反正世上還有許多工作不必和人群接觸……
只要不對生活造成困擾，就不用在意啦。

由於開始上學或出社會之後，必須集體行動的機會變多了，因此有些人開始會產生「不擅長和人群接觸是很糟糕的」這種想法。

但是在現今這個時代，人不一定要跟別人一起行動才能夠活下去。況且，隨著遠距工作的模式日漸普遍，之後人們或許將愈來愈不需要聚集在一起。我雖然不討厭和別人一起行動，不過因為工作性質的關係，平常幾乎都是獨自一人待在家。世上有許多像這類不必和人群接觸也能完成的工作。

所以我認為，只要不會對生活造成困擾，不善於接觸人群的人就算維持現狀也無所謂。是否擅長與人交際這件事和自身的個性也有關，並非不擅長就是錯的。不擅長的事情沒有必要非得全部克服，即便不完美也無妨。

人們常說，犬科動物喜歡集體行動，貓科動物則喜歡單獨行動，但其實有些貓咪在成為家貓之後，也會像小狗一樣跟在飼主身後繞來繞去。動物之所以會有集體行動和單獨行動的習性之分，是為了要在大自然求生存的緣故。所以，一旦身處在無須單獨狩獵也能活下來的環境，就連貓也會順從自己的個性去改變生活方式。人也是一樣，與其勉強配合老舊的習俗規範，應該要選擇令自己感到自在的生存之道。

不用在意別人的惡言相向

最近有人說我的壞話……

那傢伙根本就是○○嘛～

只要把對方當成貓就好啦～

如果是貓叫聲就聽不懂對方在說什麼了。

喵～

喵～喵～喵喵～

這倒是（笑）。

毫無根據的謾罵會有意義或是傾聽的價值嗎？

只會讓人覺得「你在說什麼啊？」吧？

如果不懂對方在說什麼的時候……

只要全部都想成在喵喵叫就好。

當你沒來由地遭人謾罵時，只要把這些對你惡言相向的人都想成是貓就好。因為要是不把對方想成是在喵喵叫，只會讓自己感到很疲倦。

人類聽不懂貓咪的語言。既然沒有做過對方胡亂指控的那些事情，那麼即便認真聽進去，也只會搞得自己一頭霧水、心情變差而已。雖然對方不像貓咪一樣可愛，不過說的話和喵喵叫同樣都讓人聽不懂。

縱使你對那些謾罵有頭緒，也只要讓想口出惡言的人儘管去說就好。照理說如果心有不滿，應該要彼此好好溝通、解決問題才對。說壞話是種以單方面破壞對方形象為目的的行為，但實際上說壞話的人反而會比被說壞話的人，更讓人留下不好的印象。因為「會說別人壞話的人」，很有可能在別的地方也會說自己的壞話。

一個人要怎麼評論對方，那是他的自由。更何況，這世上沒有絕對不會遭人謾罵的人。即便是言行舉止無可挑剔的聖人，也會有人出於嫉妒而對他惡言相向。只要想到世上沒有人不會被討厭，心情是否就感到輕鬆多了？那些批評謾罵就把它想成是貓叫聲，聽聽就好。

friend

05

時常發牢騷

你只要聽我說，我心裡就會好受許多……
唔……
我又要被迫聽他發牢騷了……

那傢伙真的是××……真是××……
喵──
聽別人的抱怨謾罵真難受……

抱歉，我有急事～
果決
喵──
喵──
喵──
喵──
咦？
掛斷

情緒是會傳染的……!!
才不想讓心情變差～
要分享的話，與人分享快樂比較好。
喵──

吐苦水並不是一件壞事，但是就如同你有發牢騷的自由一般，對方也有不聽的自由。就好比有人覺得「只要有人聽我說，我心裡就會好受許多」，也有些人「光是聽人抱怨，心裡就會覺得難受」。

我偶爾也會因為聽人抱怨而感到難受。這個時候，我家的貓也許是察覺到我的痛苦，總會一副不安地喵喵叫，因此為了自己，也為了貓咪，我決定盡量不把難過的情緒帶進家中。

如果是一個人獨居的情況，就會在自己的房間裡獨自承受難過的情緒；而若是和家人或戀人同居的人，那些人或許就會像貓咪一樣和你共享難受的情緒。

情緒是會傳染的。像是看到對方表情陰沉，自己的心情也會跟著沉重起來；或是現場有人在生氣，氣氛就變得非常緊繃……各位應該都有過這種經驗吧？牢騷含有負面的情緒，很少有人會在聽完牢騷後還能保持愉快開朗的心情。因此，假使朋友經常向你抱怨，暫時和對方保持距離也是一個辦法。當然，當你在情緒上有餘裕時，還是可以聽對方吐吐苦水。有許多人光是有人願意傾聽，心裡就會好過許多。想要給予別人支持，自己也得穩穩地站著不可，要是一起倒下那就無法支撐他人。聽別人發牢騷的前提是不要給自己造成負擔。

friend
06

謊言被識破

很好很好～
真是乖孩子～
伸手
我不會對你
怎樣的～♪

啊……
跳……

你想不想
吃零食啊～？
微笑
肉泥
……

指甲剪
就算語言
不通，謊言仍
會被識破……
肉泥
逃

謊言這種東西，往往有很高的機率會被拆穿。即便是語言不通的貓咪，也會發現飼主背後藏著的指甲剪。所以，要對能夠理解彼此在說什麼的人撒謊，是一件很困難的事。

朋友因為和我們交情好，所以比陌生人更了解我們，也能夠敏感地察覺到細微的變化。正因為如此，一旦撒謊，朋友所受的傷會比被陌生人欺騙來得更深。

雖然有些人會說「世上也有善意的謊言啊」，但那也不過是在替自己開脫而已。即使是因為替對方著想才說謊，也應該要有「我是為了自己而騙人」的自覺。說謊者善良與否是由對方來決定的。

順帶一提，「沒必要說的事情」就不講和「說謊」是兩回事。舉個例子，就算從別人口中聽到了自己朋友的壞話，也沒有必要特地告訴本人，因為這是「沒必要說的事情」。但是，假如朋友問你：「有沒有聽到別人說我的壞話？」我認為最好還是坦誠以對。謊言這種東西是愈少愈好。

人一旦得知一個謊言，就會開始懷疑至今的一切是真是假。謊言只有在受騙者一直沒有發覺那是謊言的情況下，才不會造成傷害。半吊子的謊言不會帶給任何人幸福，因此最好的方法就是坦誠以對。

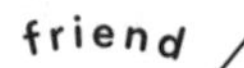
friend

07

沉默寡言就好

我這個人不太會說話，經常會變得沉默寡言……
只要有傳達出重點，平常就算沉默寡言也無所謂啊。

人類聽不懂貓咪說的話，對吧？
你肚子餓了嗎？
喵——
所以會透過叫聲或時間點揣測貓咪的心意。

但假如貓咪一天到晚都不停的喵喵叫……
？？？？
喵——
喵——
喵——
喵
喵
喵
喵
就很難判斷牠希望飼主做什麼了。

多話的人因為提供龐雜的資訊，所以聽的人也很辛苦。
就像是內容冗長的部落格
沉默寡言的人則因為話少，一下就能抓住話中重點。

我認為即便不擅長說話，也不需要太過在意這件事。當然，如果完全不說話，對話就無法成立，但這世界上就是有些人話多，同時也有人沉默寡言。兩者都很正常，並沒有哪一方比較好。

多話的人會讓對話氣氛變得熱絡，聽的人也會覺得很開心。不過也因為資訊量太大，要找出談話的重點比較困難。

沉默寡言的人儘管不有趣，卻因為話很少、資訊量沒那麼大，所以或許相較之下比較容易抓住談話的重點。

貓咪因為不會說人類的語言，所以身為飼主的我只能透過貓咪的表情、行為、叫聲等蛛絲馬跡，拚命解讀貓咪的心情和想要表達的事情。在這一方面，我想和沉默寡言的人相處時也是如此。當能夠透過語言接收到的資訊很少時，我們就會從話語之外的情報試著去揣測對方的心情。雖然這樣會給對方造成多餘的負擔，讓人感到過意不去，但是既然在面對面的情況下，就能連同表情、氛圍一起進行判斷，我想也就不需要那麼在意了。

friend
08

不需要謙虛

我是不是應該更謙虛一點呢……
唔一嗯…
要是活得太隨心所欲會被討厭吧……

啊~可是……刻意那麼做，感覺又跟謙虛扯不上邊……？
嗯~……
跳！

啊……居然用屁股磨蹭枕頭……
暴君
磨蹭
磨蹭

明明是毫不謙虛的暴君，卻能原諒……
好啦，要拿去洗了~
大概是因為牠沒有心機吧……我也拋棄投機的心態吧……
喵

人會產生「我要更謙虛一點……」的想法，有可能是因為對自己的行為失去自信，或是變得很在意他人的目光。

只要仔細觀察貓咪，就會發現貓咪的生存之道真的是和謙虛二字背道而馳。但我之所以還是無法討厭貓咪，是因為牠們即便做出旁若無人的舉動，也單純是在按照自己喜歡的方式生活，並未帶有任何的目的性和心機。

單純且由衷地「想要保持謙虛」，並把這一點時時放在心上是件好事。但是，如果想要故作謙虛去討人喜歡，或是為了某種目的而勉強假裝謙虛，那麼當真面目被揭穿時反而會失去他人對自己的信任，而且一直戴著面具度日也總有一天會感到疲倦。

我認為在朋友面前沒有必要太過謙虛，只要像「再親近的至交也要保持禮節」這句話一樣，保有適度禮貌就可以了。要是謙虛過頭，反而有可能被人誤會「你永遠都不願意對我打開心房」。

與其堅持謙虛，不如試著活得率性一點吧。雖然或許有人會因此離開你，但反正跟那種人也無法長久往來。如果是真正合得來的朋友，對方是不會因為你跟隨本心的生活方式而討厭你的。

friend

09

離開也無妨

好想離開……和那個人無法相處……
那就離開啊。

貓咪沒辦法選擇飼主……
但是你有選擇朋友的權利……

朋友又不是被你買來或是被你撿到的，
而你也不是被對方撿到養大的……

人雖有責任要照顧寵物一輩子，但是朋友不同……
即便在這當下，對方也仍在別的地方逍遙過活呢。
喵～

朋友並不是非得相伴一輩子。

當兩人因為吵架或起了厭惡之心而打算離開對方時，心裡或許會產生罪惡感和自責的情緒。但是，事情畢竟已經嚴重到讓你想要離開緣分曾經那麼深的人了，請你還是先安慰已經忍耐許久的自己，不要讓自己再繼續受到傷害。

不妨換個角度想想吧。世上有幾個人從小時候到現在，身邊的朋友始終不變呢？我想，應該很少有人會跟過去認識的所有人，到現在還是一樣持續往來吧。即便不討厭對方，也會因為讀的學校不一樣，或是工作後搬了家等等因素，使得人與人之間漸行漸遠。沒有人會去責備這種正常的事情，所以請不要為了和誰分開、走上另一條道路這件事產生罪惡感。假使雙方真的有緣，日後一定還能再續前緣，因此現在最好還是保持距離……我是這麼認為的。

雖然貓咪沒辦法自己選擇飼主，但是朋友又不是你撿來或是買來的，而是雙方出於自身意願陪伴在彼此身旁。當彼此距離太近、令人感到不舒服時，可以稍微拉開距離，給彼此一點喘息的空間。

假如已經難受到想和對方分開，就請別再勉強下去，果斷地和對方保持距離或是逃跑，好好地替自己著想、保護自己。

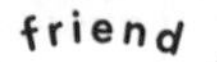
friend

10 想要同伴

我想要絕對不會背叛我的朋友……
想要有同伴……

「絕對不能背叛」好像是簽契約，感覺不太舒服……
比起交朋友，更像是在工作徵才……

這麼說來，被朋友背叛你也無所謂？
就算說「想養絕對不會咬人的貓」也無法辦到吧？

無論貓或朋友，誰都不曉得未來會發生什麼事……
雙方會發展成何種關係……一切都要看自己的造化啊。

當你有「想要絕對不會背叛我的朋友」的想法時，請先思考看看你為什麼會有那種需求。人會想要同伴是因為有敵人在，而一般人只要正常過日子，通常是不至於樹敵的。所以，我想其中一定是有什麼原因。

一個人之所以想要絕對不會背叛自己的朋友，會不會是打算要朋友去做什麼呢？而那件事情，或許正是那人遇不到真正值得信賴的朋友的原因。因為沒有人會心甘情願遭人利用。

就跟「想養一隻絕對不會咬人的貓」一樣，要從零開始找到「絕對不會背叛的朋友」極其困難。無論是和貓之間的關係，還是和朋友之間的關係，都得看你如何和對方相處而定。即便你一開始就問對方：「你不會背叛我吧？不會咬我吧？」但畢竟誰也不知道未來會發生什麼事，對方也很難回答你的問題。況且，剛認識時再溫柔的人，忍耐也是有限度的。即使許下「不背叛的約定」，畢竟對方也不是受雇於你或聽命於你，要是哪天他受夠了，終究還是會漸漸離你而去。

如果你真的很在意朋友會不會背叛自己，就先努力當個信任朋友，不會背叛他人，也不會製造敵人的人吧。

friend 11

對方無法被改變是理所當然的

我到底該怎麼做……那個人才會改變呢……
唉……
人是不會輕易改變的啦。

貓不是也聽不懂人話嗎？
暴君
只要把那種人當成貓，心情就會輕鬆許多喔。

可是……對方是人，所以能交談……
嗯，人確實聽得懂人話沒錯……

明明語言相通，卻怎麼也溝通不了的人，
真的是比貓咪還要更難互相理解呢。

人沒有那麼容易被改變，也不會輕易自己產生變化。你有希望對方改變的自由，但試圖改變對方就是一種只替自己著想的行為，對方自然會產生抗拒的心理。沒有人會因為現在的自己遭到否定而心情愉悅。假使今天立場相反，對方要求你變成他所希望的樣子，你會有什麼感受？如果你不願意，那就表示要將對方改變成你想要的樣子，是同樣困難的事情。

我平時都把無法被改變的人當成貓一樣看待。貓咪就算再怎麼可愛親人，還是聽不懂人話。比方當貓咪亂大小便時，若是語言相通，或許就能和牠說：「可以麻煩你不要在那邊大小便嗎？」像這樣進行交涉，可是人和動物之間沒有共通的語言，所以沒辦法透過交談改變任何事情。即便無法經由言語交流改變狀況，我也會心想「誰叫牠是貓呢」，就這麼摸摸鼻子算了。

人因為勉強能夠用共通語言表達彼此的想法，才會讓人產生「既然都是人，只要互相交談，應該就能改變對方了吧？」的念頭。可是，那些明明有著共通語言、明白彼此在說什麼，卻怎麼也溝通不了的人，坦白說簡直比貓還要麻煩。與其耗費心力堅持勉強改變對方，還不如抱著「他就是這種人」的心態和對方保持適當距離比較輕鬆。

friend 12

愛裝熟的人

能夠擁有稱得上好朋友的關係，是一件非常美好的事情。但是，如果雙方的交情明明沒有那麼好，對方卻老是在別人面前跟自己裝熟，那樣真的會讓人有點傷腦筋。再說，友情的深度本來就只要雙方你知我知就好，不需要到處向其他人報告。以友情來舉例或許比較不好理解，但如果想成在戀愛關係中，被自己不喜歡的人到處宣傳「我們正在交往」，應該就會覺得困擾了吧？這兩者其實是一樣的道理。

對方之所以這麼做，或許是因為可以藉著裝熟從中獲得好處吧。比方說，像是可以藉由展現兩人的關係親近，來使用對方的人脈；又或者單純只是因為喜歡對方，而想要獨占對方也說不定。無論理由為何，這樣的舉動都很煩人。

裝熟就跟貓咪做記號宣示地盤主權的行為一樣，都是在宣示「這個人是屬於我的」。就好比飼主替自己養的貓戴上項圈後，就能在貓咪逃跑時請人幫忙協尋一般，對方可能也是為了不讓朋友離自己而去，才夥同周圍其他人一起挽留你。

朋友要自己主動想跟對方在一起，才算是真正的朋友。維繫友情不需要項圈。

friend

13

總是不幸的人

真羨慕你……哪像我總是很不幸……
唉……
……
總是的意思是……現在也很不幸嗎？
咦？
養在室內的貓無法離開房間，所以覺得不幸倒能理解……
間嗎？
但你是自己選擇要見誰、要去哪裡才會在這……
人會「總是」不幸是有理由的。
要隨時處於相同處境反而是件難事喔。

人會總是不幸是有理由的。

有的人可能原本就出生在不幸的環境，又或者真的因為無法逃離其中而備受煎熬。但儘管如此，只要沒有受到監禁，應該還是有時間可以離開那個帶來不幸的地方。

就好比人很難無時無刻都感到幸福一樣，要一直維持不幸的狀況也很困難。所以，假使完全沒有為了逃離不幸處境而努力，那麼不幸便是其來有自。

在動物界，弱小的生物會遭到淘汰。我家貓咪生小貓時，母貓不是疼愛身體虛弱的孩子，而是最疼愛強壯孩子的野性本能令我吃驚。這是因為強壯幼貓的生存機率較高的緣故。但是，人可以將弱小當成作戰的武器。人一旦曾經因為不幸而被善待過，便會捨不得放下不幸。

一般人見到朋友不幸，應該都會想要將對方從不幸中拯救出來。可是，如果當兩人在一起時對方還是覺得自己不幸，或是他本人根本無意脫離不幸，就會讓人彷彿永遠看不見終點般身心俱疲。

奉勸各位還是稍微提防總是不幸的人比較好。

friend 14

愛刷存在感的人

我朋友好愛刷存在感……
唉……
連我正在忙，他也毫不顧忌瘋狂打電話給我……

連貓咪也會察言觀色喔。
喵
現在不行喵……
動物的本能嗎？

連貓咪也會察言觀色喔。
可以了!!
又說了一次。

那種不會替人著想的人，
完全不用理他啦。

朋友愛刷存在感真的很累人。那種人一旦覺得「這個人會理我」，就會不停發動猛烈攻勢。愛刷存在感的人通常都有非常強烈的執著心態。依據我個人的經驗，那種人總是不管我方不方便，一直不停地打電話來，要不然就是在短時間內傳好幾則ＬＩＮＥ的訊息，感覺就像個跟蹤狂一樣，實在有點恐怖。

對付愛刷存在感的人最好的方法，就是不去理他。

家貓雖然也有開啟刷存在感模式的時候，但也許是動物的本能吧，貓咪在某種程度上也懂得察言觀色。貓咪看似任性妄為，不過當飼主真的沒空時就會果斷放棄，並且精準地看出飼主什麼時候有空。

所以說，就連貓咪也懂得察言觀色。

一直去理會那種不替別人著想的人，不僅浪費時間，也很耗費精力，所以我認為沒必要一直給予對方回應。雖然一旦理會了，就得花上一段時間才能和對方拉開距離，不過只要狠下心來不予理會，對方就會去尋找其他願意理會自己的人。世上還是有那種很想去關心照顧他人的人，所以完全不需要勉強自己扛下那個責任。

第2章

戀愛

love
01

不懂對方的想法

真好吃喵～
喀哩喀哩
喵—
我最喜歡主人了喵～

雖然我擅自幫貓咪配了音……
好乖好乖
但是真正的想法只有貓咪自己才知道……
想去了解對方的心情固然重要……
緊抱
呵呵
但因為喜歡就自以為了解對方，這就是傲慢了……
喵—

在揣測別人怎麼想時，即便得知自己所想的和對方所想的不一樣，也不要有「都是我思慮不周」或「都怪我不了解別人的心情」的想法，太過於放在心上。不懂別人的想法是很正常的事情，畢竟我們又沒有超能力。對方心裡怎麼想，只有透過言語向本人確認才有辦法得知，況且有的人還會因為某些因素而無法說出真實感受。你應該也有明明心裡很難受，卻還是脫口說出「我沒事」的經驗吧？這麼一來，真正的答案就只有本人才知道了。

篤定說自己了解對方的想法，就好比擅自為動物影片配音、代替動物發聲一樣。我和貓咪一起生活了將近二十年，現在雖然已經大致能夠察覺牠們「想吃飯了對吧？」、「在撒嬌呢」的心情，可是雙方畢竟有著語言的隔閡，所以沒辦法確定我的推測是否正確。貓咪實際上是怎麼想的，只有貓咪才知道。

儘管永遠不會知道正確答案是什麼，我之所以還是會去思考揣測貓咪的想法，是因為我很喜歡貓。我希望貓咪開心，不想做出會讓貓咪討厭的事情。我認為，基於這個理由而去思考揣測並不是一件壞事。就算擁有能夠解讀人心的能力，光是這樣依舊沒有意義。為什麼想了解對方的想法？知道之後想做什麼？這才是最重要的。

有想要被愛的念頭很正常

好想被愛……
搖晃……
?

我好想被愛啊~!!
給我愛吧~!!

啊……
噠噠

想要被愛是無所謂……
抱歉啦~
但是不能要求回報……
退

有「想要被愛！」的念頭並非壞事。不論是誰，每個人當然都希望自己是被愛著的，而不是被人討厭。而且，我認為也可以儘管向喜歡的人告白。順利的話，那份勇氣說不定有機會可以開花結果。人生只有一次，有相愛的對象陪伴在身邊是很幸福的事情。有能力去愛人是非常美好的一件事。

但是，「因為我愛你，所以你也要愛我」就不太一樣了。即便自己認為「這個人是我的唯一」，對方也未必會這麼想。況且，就算是兩情相悅的伴侶，也是會有自己想被愛時，對方卻沒辦法給予回應的情況發生。這時並不是對方討厭自己了，而是人心本來就偶爾會因為缺乏餘裕或疲倦，導致「沒有展現溫柔的餘裕」。當別人願意接納自己時，會有一種心靈被填滿、整個人充滿電的感覺。可是，接納他人那方的精力、體力卻有可能因此被對方徹底掏空。如果是這樣，愛就會變得令人感到沉重了。

貓咪雖然也會時常來找我撒嬌，可是每當我主動去找貓咪，牠們總會一溜煙地逃開。我自己是隨時都能接受貓咪來討摸，但可惜的是貓咪似乎並非如此。這種時候無論是貓還是人，只要來硬的八成都會被討厭吧。想要被愛是無所謂，不過奉勸還是放下想要得到回報的念頭。

love
03

放棄也很重要

我無論如何都沒辦法放棄……
嗚嗚
喵 喵
握
握

無論如何都無法……啊~……
喵喵喵
今天不可以再吃零食了喔~

奇怪……?
轉身

就連貓咪一旦知道行不通便會放棄……
好現實……
我身為人類真是丟臉……

我認為人應該持續追求自己的夢想和目標，但是在人際關係的方面，有時還是要懂得適時放棄比較好。因為人與人之間的問題不是光靠自己的努力就能夠解決，況且如果對別人太過執著，很可能就會變成跟蹤狂或是產生糾葛，最後經常會導致麻煩產生。因為「我沒辦法對你死心」而發動猛烈攻勢這種事情，若是發生在連續劇裡，或許最後會帶來快樂的結局，但若是實際發生在自己身上，感覺就非常恐怖了。奉勸各位再怎麼堅持也要在合理的範圍內，適可而止。

貓咪基本上都很貪吃，常常剛吃完飯就喵喵叫著要討零食，不過貓咪一旦明白「啊，叫了主人也不會給我」之後，就會很乾脆地離開。雖然不知道是因為貓咪覺得一直叫很浪費體力，還是貓咪本來就有一定的自制能力，但野生動物如果太執著於一個獵物確實有可能害自己喪命，所以貓咪身上或許還殘留著那樣的習性吧。

因此我深深地體悟到，就連貓都懂得在行不通的時候放棄，人類卻拖拖拉拉地不肯對明知不可能的事情放手，實在是太丟臉了。這應該要稱為「以貓的行為舉止為鑑，反躬自省」嗎……總之，我決定向貓咪看齊，學習在適當的時機放手。

堅持不懈的特性，應該要發揮在夢想、目標等別的地方，至於該放棄的時候就果斷放棄，然後繼續邁步向前進吧。

love
04

被喜歡是件累人的事

牠好乖喔～被抱也不會生氣嗎？
哇～
好了，下去吧！
我去泡茶喔。
嘿咻

驚…
哇——

沒事吧？
我也一樣抱了牠就被抓了～！

被不是喜歡對象的人喜歡，還真辛苦呢。。。。。。
你怎麼會以為自己也可以啊？

人只有在被自己有好感的對象喜歡時才會覺得開心，這一點我想應該可以套用在大多數人的身上。

貓咪也是如此。貓咪雖然不會攻擊身為飼主的我，還會對我撒嬌，可是只要訪客趁我不在時試圖模仿我抱牠，往往都會被貓爪攻擊。當一定會保護自己的飼主不在的情況下，突然見到陌生的巨大生物朝自己逼近，貓咪應該覺得很害怕吧。遇到這種情況，貓咪可以像這樣露骨地表示拒絕，可是人就不行了。

比方說對方是職場的上司或前輩、結婚對象的家人等等，被很難違抗的人單方面地喜歡非常累人。由於跟蹤騷擾、被拒絕後懷恨在心的這類情況時有所聞，因此被對方單方面地喜歡其實是件很恐怖的事情。

理想的應對方法還是跟貓咪一樣，一點一滴地逐步表達自己「不喜歡」的心情。假使很難辦到這一點，那就盡可能不要主動接近對方。我知道這之間的分寸不好拿捏，但還是必須在不會遭對方怨恨的程度下表達出自己的意願。順利的話對方就會察覺到，周遭其他人說不定也會在撞見的當下伸出援手。反過來說，我們最好也要時時提醒自己，不要讓自己的好意帶給對方壓力。

心情不好是為什麼？

我的另一半……心情會突然變得很差……
唉……
或是突然地反問我說「你心情不好嗎？」……
在對方說明原因之前，不需要那麼在意啦……
嘶哈哈哈
可是……
……
嘶哈哈哈
咦……？怎麼突然生氣了？
炸毛！
心情不好未必都是有理由的啦……
嘶哈哈哈
怎麼這樣……

每當見到身邊的人心情不好時，我們往往都會心想是不是自己做錯了什麼。可是，假使你真的毫無頭緒，那麼在對方開口之前就不需要那麼膽戰心驚。因為心情不好未必一定有什麼深奧的理由，況且原因也不一定出在眼前的對象身上。

貓咪有時也會突然對訪客哈氣發怒。「是衣服在路上沾到菸味了嗎？」、「是因為討厭音調高的人嗎？」即便拚命想破頭，最後還是不知道問題出在哪。或許只是嫉妒飼主的朋友，也可能是天氣害貓咪心情不好才會亂發脾氣……真是不講理呢（苦笑）。

至於人在心情不好時，一旦身旁的人開始思考責任是不是在自己身上，往往都會讓怒火擴散至錯誤的方向，導致情況變得更加糟糕。所以只要對方沒有說原因出在我們身上，就儘管心安理得地過日子吧。

另外，也經常有人會以「你怎麼知道我心情不好？」這樣的方式生氣，這時同樣只要在他本人說明自己為何生氣之前別去管他就好。要是為了找尋線索而被對方用其他理由責備，那就得不償失了。有句話說「多一事不如少一事」，這種時候就先別去管他吧。

love

06

想要變親近

要怎樣才能和人變得親近呢……
唔——嗯…
喵—
嗯?你想吃零食嗎?
喵—
喵—
還是想要抱抱?

我要怎麼做才會讓你開心呢~?
搖啊搖~♪
啊……!

其實沒必要想得那麼困難嘛……
哈哈……
喵—
首先還是想想怎麼做會讓對方開心就好了。

每當我想要和某人變得親近時，我不會胡思亂想一堆，而是會回想自己和貓咪相處的情形，然後採取行動。

這個方法非常單純，就是「我要做什麼才能讓對方開心？」。

把心理學中「討人喜歡的方法」學起來雖然不會吃虧，不過每個人的性格和喜好都不相同，所以比起照表操課，自己花腦筋思考「對方可能會感到開心的事物」也十分重要。

不過，畢竟人與人之間還是有所謂契合度的問題，因此儘管未必能成功，但是對於認真想讓自己開心起來的人，是沒有人會抱持負面情感的。

對於今後想要變得親近的人，我們通常還有許多不了解的地方。這種時候，我會建議像對待語言不通的貓咪一樣，暗中觀察對方。既然是自己想要親近的人，我想應該至少會有和對方碰面，或是窺視對方舉動的機會才對。當然，一直盯著對方看是不好的行為，但是比方說「對方總是在公司的自動販賣機買紅茶，所以應該愛喝紅茶吧？」、「手機上有娃娃吊飾」之類的，如果是這種偶然注意到的小事就無所謂。只要知道對方的喜好，或許就能找到對方可能會感到開心的事物或感興趣的話題。

07 希望對方跟自己搭話

雖然想跟對方說話，卻不敢自己主動開口。可以的話，希望能夠由對方主動向我攀談。其實我也是這種人。我在觀察貓咪時發現到一件事，那就是人往往對於別人的視線非常好奇。像是貓咪在看牆壁或天花板時，明明語言不通，我卻還是會忍不住好奇地問：「怎麼了？你在看什麼？」然後才忽然想到，我也曾經對別人做過同樣的事情。我在學生時代和上班族時代，每次見到有人盯著窗外看，都會詢問對方：「窗外有東西嗎？」我在學生時期，曾經在有人騎機車闖入校園時，上班族時期則是在快要打雷、天色大變時，和平常不太親近的人搭話，結果兩人就自然而然地開始交談。

我也曾經因此和陌生人展開對話，只不過那時是對方主動向我攀談。當時，我正在拍草叢的照片，結果有位大叔主動問我：「你有養貓嗎？」於是，那天我就和那對老夫婦聊了一陣子關於流浪貓的話題。

而說起在意視線這件事，沒有什麼比盯著自己看的人更令人在意了。「難道他發現我換髮型了？」、「該不會我頭上有蟲吧？？？」被注視的人會像這樣在意起對方的目光。因此，當你希望對方主動找自己攀談時，或許可以試著尋找周圍有沒有能夠成為話題的事物。另外，循著對方的視線望過去，也容易找到能夠自然開啟話題的契機。

love

08

平淡的態度令人沮喪

另一半對我的態度總是過於平淡……
讓人有點沮喪……

愛情這種東西要是表達得非常直接……
好乖好乖
喵
會令人感到難以拒絕的沉重喔？

喵
喵
好乖好乖
舔
舔

若火力全開就會變沉重喔……？
感覺好重……
喵
喵
喵
舔
舔
好乖好乖
舔

親密的人對自己的態度過於平淡，常會讓人因為感受不到愛意而心情沮喪。但是，愛情這種東西一旦表達得過於直接，有時反而會令人備感沉重。

我家的貓咪有時叫也叫不來，有時又會一整晚吵得我沒辦法睡覺。由於牠一直發出呼嚕聲並且不停舔我，所以我認為這是出自於愛情的表現，就算想生氣也氣不起來。遇到這種情況時，即便我再怎麼喜歡貓咪，還是不免會興起「不好意思，可以麻煩你稍微降低愛情的強度嗎？」的念頭。愛意不足會感到寂寞，愛意過剩又會覺得煩人。這之間的平衡還真難拿捏啊。

另一半對自己的愛意和態度若是太過熱情，也會讓人覺得很痛苦。為了回應對方，你必須犧牲自己的時間，不僅連在工作時都得回對方訊息，半夜還會被電話吵醒導致睡眠不足，要不然就是因為對方想見面，而被迫放棄休閒嗜好和取消個人行程。這種情況忍耐久了，漸漸地就會形成一股壓力。不只是戀人，朋友和家人也有可能會帶來相同的困擾。

過於平淡的態度或許令人寂寞，但只要感情和睦，能夠彼此尊重、讓雙方都保有自己的時間和空間，這樣的相處模式才是恰到好處。在愛情之中，保持平衡同樣也是至關重要。

love
09

討厭被否定

每當我依照自己的心意行事……
要是被否定就會感到很沮喪……
小貓咪過來吧～
噠噠噠
奇怪……？
小貓咪過來吧～
轉身
他人的否定沒有什麼太大的意義啦，
在意的話就輸了
只是偶爾就是會有的情況罷了。

當我們依照自己的心意行事時如果遭到否定，心裡往往都會很難受。但是，這當中有可能只是出現一些誤解，再說，我們根本也沒有必要那麼在意被否定這件事。

貓咪雖然很親近身為飼主的我，但是有時也會隨著心情改變態度。例如我叫牠「過來」時，牠一開始會朝我跑來，但中途卻改變心意折返。當我再一次叫牠時，由於牠仍然會跑來，所以就表示前次的折返並沒有太大的意義，只是「偶爾就是會有的情況」罷了。

我想，貓咪並不是想要否定我的行為，只是碰巧讓整個過程看起來像否定我一樣。這種情況也經常發生在人際關係上。尤其是自己很在意「要是被否定的話怎麼辦？」的事情，就格外會產生這種感覺。然而對方或許只是不清楚哪個是你依照自己的心意所採取的行動，又和平時有什麼不同罷了。

假使你們雙方之間並沒有產生什麼誤會，對方卻還是否定你的行動，那麼你也不必去肯定對方所說的話。無論你的所作所為是不是在做自己，遭人否定都是一件令人難過的事。既然對方不知道自己正在傷害別人，你也不需要把對方的話放在心上。在意的話就輸了。

得不到對方的愛

枉費我這麼愛他，卻得不到對方的愛……

不被愛的感覺好難受……

以前我一共養了五隻貓……

雖然我平等的對待牠們……卻還是有的貓不太親近我……

不過，因為那孩子和其他貓相當融洽……

我也就決定只要在一旁照顧守護牠就好了。

有時付出的愛不一定會得到同等回報……

人也不是永遠都能當被愛的角色。

能夠得到和付出同等的愛，是一件非常幸福的事情。但是在現實生活中，付出和回報經常都不是對等的，況且愛又無法以數字來衡量，所以也沒辦法確定自己付出的愛和對方回報的愛是否相當。由於只能靠著觀察對方的行為態度憑感覺來判斷，有的人便因此對自己缺乏信心。

以前我一共養了五隻貓，明明我對每隻貓都平等地付出愛情，但有的貓咪非常親人，有的貓咪連被觸碰都感到很排斥。一開始，我還很落寞地心想「為什麼會這樣呢……」，但是看到不親人的貓咪和其他同伴相處得如此融洽，便轉念心想儘管付出的愛不一定會得到同等的回報，不過只要這孩子幸福，我就算當不被愛的角色也無妨。

同樣的情況套用在人類身上也是如此，光是見到喜歡的人過得幸福就令人開心。

許多人都想要被愛。正因為如此，與其執著在被愛這件事情上，還不如試著自己主動去愛對方。「不喜歡我的人，我才不在乎哩！」這樣的態度，反而會拉開彼此的距離。這麼做雖然未必會成功，不過比起只想向對方索討愛的人，我感覺願意主動付出愛的人更有機會得到回報。

love 11 劃清界線是必要的

虧我想要盡可能和對方共享一切……

情侶不是就應該是這樣嗎……？

無論是家人還是戀人，

劃清界線都是必要的喔。

就連家貓也有需要劃清界線的時候……

嘶

那明明是我的床……

每個人都會有個人隱私、地盤，這些不希望別人闖入的部分。

互相了解固然重要……

認同彼此也有無法共享的部分同樣很重要喔。

無論再怎麼親密的關係都有必要劃清界線，即便是家人或戀人也是如此。就算有血緣關係或者是自己最愛的人，也不需要勉強共享一切。雖然有的人會說「我對你明明就是毫無隱瞞」，可是隱瞞和劃清界線其實不太一樣。正因為關係親密才要適度劃清界線，尊重彼此是獨立的個體，這麼一來，向對方表達感謝的機會也會增加。比方說如果共享家事，那麼就算努力去做，也會發生「會的人去做是理所當然」或是「明明我做的比較多」之類的糾紛。但其實只要進行某種程度的分配，就不會發生這種情況了。界線模糊不清，有時也會讓人彼此過度依賴。另外，個人隱私也很重要。像是書房、自己的房間，人光是擁有屬於自己的地盤就會感到安心。就精神層面來看，貿然闖入別人想要劃清界線的部分同樣稱不上是有品的行為。

家貓也一樣有個體隱私。當感覺貓咪「現在好像不太想理人？」時就不要勉強逗牠，暫時讓牠獨自靜一靜。貓咪也是會有想要獨處的時候。

從物理性的物品、場所到無形的想法觀念，為了互相理解而努力固然重要，但如果真的把對方視為獨立的個體予以尊重，認同彼此也有無法共享的部分這一點也很重要。

love 12

不需要包容一切

喜歡一個人，是不是就得要包容一切呢……
唉……
感覺好累人……
有些人的包容力就像水壩一樣廣闊……
有人則像貓咪額頭一樣窄……
我不是要你像水壩一樣寬容喔，
嘶——哈
因為就連水壩一旦超越極限也是會潰堤。
※潰堤
對於無法區分水壩和貓咪、造成別人負擔的傢伙……
只要用貓咪額頭般的包容力對待他就好。

喜歡一個人就得包容對方的一切……並沒有這種事情！

聽到喜歡的人對自己說「你願意寬恕我的一切」，你可能會覺得對方是在稱讚自己既溫柔又有包容力，然後就產生「說的也是，既然喜歡一個人就應該包容對方……」的想法。所以，我要稍微換個說法。

「你如果喜歡我就原諒我」。

是不是覺得說出這種話真的很過分呢？可是，會利用對方的好意做出不可原諒事情的人，往往就是這種人。這樣的行為實在很不可取。

況且，所謂的「包容力」每個人都不一樣，也會隨當下的狀況有所改變。有些人的包容力像水壩一樣，也有人的包容力像貓咪額頭一樣窄小。我的意思並不是包容力強的人比較高尚。能否寬恕對方這件事，除了本身的個性外，還牽扯到當時的環境、經濟狀況等各種因素。即便是平常能夠原諒的事情，包容力也會隨內心的餘裕程度時大時小。就算是水壩，如果一直蓄水而不洩洪，總有一天也會潰堤。因此縱使還有餘裕，也不該老是囤積著。所以，對於那種連水壩和貓咪都分不清楚、隨便給別人造成負擔的人，只要用貓咪額頭般的包容力對待他就好，不需要因為喜歡一個人就包容對方的一切。

love 13 逐漸老去這件事

畢竟已經是老爺爺了，
排泄在地板上？
會隨地便溺也是難免的。
沒辦法自己爬到腿上嗎？
嘿咻
喵
你以前年輕時明明還能跳到冰箱上呢。

從幼貓直到變成老爺爺……
正因為共同生活這麼久，才更感慨……
隨著老化，雖然會產生許許多多的問題……
不過當事者才是最不安的吧……

貓咪上了年紀之後，幫忙照顧的家人和周遭看著貓咪老去的人們會非常辛苦，也會經歷許多難過的事情。我也有過這種經驗。

但是，陪伴貓咪從小貓直到變成老爺爺、共同生活了這麼久的我，心裡所想的卻是「牠不上去以前上得去的地方」、「牠吃不下以前可以吃的東西」、「到了半夜會感到不安」……以及其他諸如此類的事情。每次看見貓咪一臉困惑，不明白自己以前做得到的事情為什麼現在漸漸辦不到，我便深深感覺到對於老去這件事，最不安、最難受的應該是貓咪本身。我以前住院時也因為身體不聽腦袋使喚，內心感到非常不安。

貓的二十歲據說相當於人類的九十六歲。我當然希望貓咪還可以活久一些，但如果不是透過電影，我想在現實生活中，應該沒有多少機會可以看著一個人從出生到晚年度過他的一生。或許是因為我在二十年間見過了相當於人類九十六年的人生（貓生），才會有「最難過的是當事者」的感慨。由於祖父母和父母在我們出生時就已經比我們年長，理所當然看不到他們的嬰兒時期或是活蹦亂跳的孩童時期，所以很難有機會以縱觀的視角目睹一個生命老去的過程。想到這裡，我便不禁想要盡量善待逐漸老去的家人，以及總有一天將會老去的自己。

love
14

何謂愛情？

~以前~
前男友
如果愛我就應該要稍微幫忙做點家事啊……
嘖

~現在~
早餐時間到囉~
喵—

我來幫你把貓砂盆清理得乾乾淨淨喔~
驚！

覺得為對方做事情是理所當然……
哈哈哈…
這或許就是所謂的愛吧……
？

我曾經有一段時期拚命翻閱哲學和心理學的書籍，想要知道愛究竟是什麼，最後我得到「愛就是付出不求回報！」這個陳腔濫調的結論，並且努力地付諸實行。但是，這點並不是那麼輕易就能辦到的。不要求回報……到這裡為止我還可以做到，但是我卻沒有信心連內心都做到這一點。因為當人在心想「我不求回報」的時間點，就已經對回報產生意識，然後當別人問你為什麼要這麼做時，又會產生「因為我愛對方」的想法。結果到頭來，人還是無法從「愛究竟是什麼」這個謎團中脫離出來。

我認為對貓咪的愛和對家人的愛很相似，但是人和貓畢竟不像家人一樣有血緣關係，種族也不相同，既無法建立起親子般互相扶養的關係，甚至連語言也不相通，自然也就無法確認「我這麼愛牠，牠是否也愛我呢？」了。但儘管如此，我還是理所當然會好好照顧貓咪。

說不定，這種舉動正是所謂的付出不求回報吧。雖然有人會說那是因為「貓咪很可愛」的關係，可是戀人同樣也符合那個定義，況且如果要說那是身為飼主的義務，我想讓貓咪幸福的心情也遠超過義務的範圍。每當有人問：「你愛貓嗎？」我都會不假思索地回答：「當然愛。」乾脆的程度連我自己都嚇一大跳。

愛這個字有許多定義，我到現在仍不知道哪個才是正確解答，不過就跟「注意到時已經是朋友了」一樣，我想或許也沒有必要特地確認「這就是愛」吧。

第3章 工作

01 臨機應變就好

照以往的方式沒辦法解決耶……

嗯~……

喵—

嗯？怎麼了？

沒吃完……

平常的飼料吃膩了嗎？要試試別的嗎？

老貓的飲食真的需要視情況臨機應變耶……

喀哩喀哩

因為隨著年紀愈大能吃的東西會愈來愈少……

啊……工作也得臨機應變才行……

用其他方法試試看吧……

喀哩 喀哩

當工作進行得不順利時，不要執著於以往的做法，臨機應變地處理問題也是種解套方式。嘗試不習慣的方法和新事物難免會有風險或感到不安，不過工作若是遲遲沒有進展，最終也會走向失敗一途。面對麻煩突然降臨，要立刻動腦想出解決方法是很辛苦的一件事，因此最好事先預想各種可能的狀況，除了主流做法外，也準備好幾個能夠因應變化進行應對的方法，這麼一來就不需要擔心了。

我家的貓咪自從年紀大了之後，每天的飲食量就變得不太固定。所以，我會在家裡囤放好幾種不同的飼料，要是牠吃膩了就換一種，總之就是想辦法讓牠每天都有進食。和年輕貓咪不同，高齡的貓咪如果空腹太久有可能危及性命，因此囤積一堆不曉得牠願不願意吃的飼料儘管有可能造成浪費，但是如果因為覺得浪費就什麼都不準備，到了危急時刻就會後悔不已。

在工作方面，也能運用相同的道理去臨機應變和預作準備。工作的內容通常都有固定的模式和傾向，應該比愛吃不吃的貓咪飲食偏好來得容易預測才對。抱持「只有這個做法才行得通」的想法會讓人在危急時刻感到絕望，但如果想著「臨機應變就好」，整個人的心情就會輕鬆許多。

work

02

為什麼大家都做得到，我卻不行呢……

嗚嗚……

我曾養了五隻有血緣的貓……

雖然在相同環境下長大，卻也沒有每隻貓都一樣喔。

有的貓能爬上高處，也有的貓爬不上去……

有的貓相當怕生，也有的貓非常親人……

連同家族的貓都如此了……

人有時會無法和其他人一樣也是難免的呀。

為了周遭其他人都做得到，自己卻不行而苦惱的人非常多。

我家以前養了五隻同個家族的貓，每隻貓明明都有血緣關係，也都在相同環境下長大，卻有的能爬上高處、有的卻不行，就連個性也是大不相同。以人類來說，大概就好比親子或兄弟之間的身體能力有落差，或是哥哥擅長社交、弟弟卻內向怕生吧。就連互為兄弟的貓咪都是如此，我們也不需要為了自己做不到，但別人可以的事太過在意。

坦白說，其實我也沒有資格對別人說教。我從小時候開始，就有著「無法將紙張筆直裁開」的缺點。「你明明能夠畫出細緻的圖，手也還算靈巧，怎麼會這樣？」連我的熟人得知後也感到驚訝，但我就是怎樣都辦不到。就算用尺抵住，手也會晃來晃去，要不然就是連尺也被美工刀削掉一塊。「這明明是一般人都會做的事……」我還曾經有一段時期為此非常沮喪，不過自從有人告訴我市面上有販賣個人用的小型裁紙機之後，我現在都是使用裁紙機了。

無法和別人做到相同的事情，是很稀鬆平常的事。假使你無論如何都想做到，那麼用其他方法做出類似結果不也可以嗎？世界上的每個人都不一樣，只要找到適合自己的方法就可以了。

work
03

危險時逃跑就好

雖然很痛苦，卻又不敢違抗公司……
快去依靠他人或逃跑吧。
我每次聽說有貓咪遭到虐待……
都好希望貓咪逃跑、希望貓咪能被保護……
黑心企業的員工霸凌……
這行為簡直跟虐待沒有兩樣。
你就別再勉強，快找個人依靠或是逃跑吧。
別哭別哭
遇到危險時人類也只要逃跑就好。

我總是認為我們只要覺得痛苦難受，就可以儘管逃跑。立場上沒辦法逃跑，無法依靠任何人。不敢違抗現在的公司，也沒辦法辭掉工作……。

我們能夠依靠的不是只有朋友和上司，公家機關和工會也都有諮商窗口。即使不敢違抗公司，而公司又不讓你辭職，只要雇用律師幫忙，大致上都能夠順利離職。這麼做也許麻煩又花錢，但保護自己才是最重要的。

我每次聽說貓狗受虐的消息，都好希望那些小動物能夠逃跑或是受到保護。動物之所以無法逃離虐待，通常都是因為施虐者為了防止逃跑，而將牠們綁起來或關在籠子裡，處於物理上無法逃離的狀況。人如果沒有受到那樣的拘束卻還是無法逃跑，就表示那個人的心和無法逃跑的動物一樣受到傷害或是被束縛住了。

黑心企業和校園內的霸凌，所做的事情根本和虐待沒有兩樣。即便講得很好聽，宣稱這是「工作上的指導」或「我們只是在玩」，也跟虐待寵物的人辯稱自己「不小心管教過頭了」一樣。所以一旦覺得有危險，就儘管不顧一切地逃走吧。比起理性，相信自己的本能有時更為重要。無論動物還是人，有危險時都只要逃跑就好。

有些事就是會變得做不到

可能年紀大了，以前做得到的事漸漸辦不到了……
老花眼？
很正常啦
貓咪也是一樣喔？

貓咪年紀大就會開始亂便溺……
つるっ
※掉落
淅瀝
跳躍力也會下降……

不可能只有人類永遠什麼事情都辦得到。
人類對自己太嚴格了啦。

接受年齡的增長……
點頭 點頭
再思考對策，這樣心裡會輕鬆許多喔。
年輕時才能做的事
年老後也能做的事

有些事情會隨著年齡增長而逐漸熟練，但也有些事情會隨著年齡增長而變得做不到。說得直接一點，就是受到身體或健康因素的限制，變得做不到以前年輕時所能做到的事情。其中最常見的例子，就是因為老花眼而看不見細小的文字，或是因為腰痛而無法長時間伏案工作等等。

貓咪也是如此。我家的貓咪在我寫這篇文章的當下已經十九歲了，然後即將在夏天迎來二十歲的生日。牠自從年紀大了之後便開始會夜啼、爬不上高處，還會隨地大小便。雖然牠的外表還很年輕，但其實已經是個老爺爺，所以為了不讓牠勉強爬上爬下導致受傷，我會在床底下鋪緩衝墊，或是抱著牠移動。正因為我配合貓咪的身體狀況下了不少工夫，貓咪能夠做的事情也稍微增加了一些。

人一旦因為年齡增長，做不到的事情變多了，就會開始反省是不是自己的幹勁不足，或是不夠重視健康管理等等，很難坦然地接受自己的老化。但是這世上又不可能只有人永遠什麼事情都辦得到，我們應該要對自己更寬容一點才對。

只要願意接受年紀大的事實，就能夠採取適當的對策。假使聽力不好就戴上助聽器，假使腿力不足拿拐杖就好。與其靠著幹勁勉強，接受自己逐漸老化的事實，才能夠增加自己做得到的事情。

羨慕敢於面對風險的人

真羨慕敢於面對風險的人……

我要成為〇賊王！

也有人沒有把風險當成風險看待喔？

不是有人無論被貓抓過幾次，都還是學不會教訓嗎？

嘶哈哈…

的確有呢……

明明有可能罹患傳染病，也有可能被貓更加討厭……

哈哈

嗚哇〜

即便如此卻還是興沖沖地跑去逗弄貓咪……

有時旁人看來是風險，但本人卻是樂在其中呢。

貓咪

最棒了ー

哈哈哈……

那些敢於面對風險的人，多半都不把風險當成風險看待。有人認為「風險就是機會」，也有人是「明知是風險卻仍樂在其中」。儘管旁人看來是風險，本人卻絲毫不覺得那是風險。

以前，我曾經認識一位手上滿是抓傷的貓飼主。我問他為什麼會弄得傷痕累累，結果他告訴我，他常用會被貓咪抓傷的方式跟貓玩耍，要不然就是明知會被抓卻還是去逗貓……。有養動物的人應該都知道，無論貓狗多麼可愛，還是有可能因為被貓狗咬傷或抓傷而罹患傳染病，因此玩耍的時候一定要適可而止才行。我也曾經好幾次被貓咪的爪子劃傷，不過就算是小傷，我也會立刻清洗並消毒傷口。然而，他本人卻非常樂在其中，即便我勸他這樣做很危險，他也只回了一句：「好啦，我會小心的！」然後又去逗貓了。

在職場上，同樣也能見到這種連風險也樂在其中的人，比方說好勝心強的人、喜歡追求刺激的人等等。敢於面對風險這件事或許令人羨慕，不過比起在工作上鋌而走險，我還是覺得採取盡量降低風險的做法比較穩當。

work 06 你有瞧不起別人嗎？

我感覺自己在職場上被人瞧不起，好生氣喔……
怒氣沖天
嗯～……

那你被貓咪瞧不起會生氣嗎？
得意
哼
不會啊w貓咪是主子嘛w

嗯……那麼是因為你認為自己的地位比較高……
才會在被人瞧不起時發脾氣。

其實你也在瞧不起別人喔。

當你覺得自己被人瞧不起時，真正瞧不起人的或許是你自己。

比方說，大部分的人就算見到貓咪從高處一臉不屑地俯視自己也不會生氣，只會心想貓咪本來就是這樣啊，而且貓咪會待在高處很正常。如果是愛貓人士，說不定還會為了拍下貓咪高高在上的模樣，滿不在乎地拿起相機狂拍。

另外，人在面對自己非常尊敬的對象時，就算被他批評也會覺得無所謂……即便感覺自己被那樣的人瞧不起，也會覺得算了沒關係，要不然就覺得可能是自己誤會，就算被人輕視也會消極地認為這是無可奈何的事。

那麼，人究竟會在什麼時候因為被對方瞧不起而發怒呢？那就是認為「這種人才沒資格瞧不起我」的時候。人一旦被地位不如自己、絲毫不值得自己尊敬的對象瞧不起，便會勃然大怒。對別人表現出「你不如我」、「我完全無法尊敬你」的態度相當失禮，而且也代表著自己相當瞧不起對方的行為，不是嗎？

因此，當你感覺自己被人瞧不起時，請先稍微深呼吸，試著去思考自己是怎麼看待對方的。說不定，你會發現自己只是單純討厭對方而已。假使你真的被瞧不起了，就和那種人保持距離吧。

work 07 好想把喜歡的事情當成工作

好想把喜歡的事當成工作。
只要去做自己喜歡的事，未來就有可能變成工作喔～

哎呀，事情才不會那麼順利哩。
喵
我就是因為喜歡貓而畫貓，結果就變成工作了呀。

那是因為你本來就有才華吧。
一開始我也完全不會，是練習而來的。

可是我覺得……
明明想把喜歡的事情當成工作……
卻完全不做喜歡的事情……

以前，我曾經找過一位我很尊敬的設計師商量「想把喜歡的事情當成工作」這個問題，結果對方給我的回答是「去做自己喜歡的事情」。我本來覺得「只是做自己喜歡的事情就能找到喜歡的工作，世上才沒有那種好事咧」，但是抱著「就算當成興趣也好，不如就試試看吧！」的想法開始之後，就找到了現在這份工作。直到最近，我感覺自己稍微明白那位設計師所說的話了。

以我的工作為例，沒有在畫漫畫的人幾乎都不會接到畫漫畫的工作。然而，在開始做之前原本很喜歡的事情，經常都會在實際開始之後，因為覺得痛苦而變得討厭、變得沒那麼喜歡，甚至還有一些箇中辛勞是做了之後才能夠體會到的。那些能夠把興趣當成工作的人，多半都是「因為太喜歡，一點都不覺得辛苦」，或是做著「如果不喜歡就持續不下去的事情」。

因為喜歡貓所以一直很想養，結果真的養了之後才發現有多辛苦……有些飼主會棄養，是因為養貓的辛苦同樣只有在實際養了之後才會明白。但是無論有什麼樣的理由，棄養都是非常荒謬離譜的行為，真正愛貓的人一定會負起責任，好好照顧貓咪直到最後。如果要替貓咪找收養人，你不覺得後者才是真正值得託付的對象嗎？

同樣的，那種人也會讓人想把工作託付給他。所以，我認為「持續做著喜歡的事情的人」找到理想工作的可能性很高。

世上沒有那麼多好康

這種好康……周圍的人為什麼都不加入呢？

好奇怪啊……

應該是因為很可疑吧。

嗯……可是那也有可能是真的啊……

搞不好會撿到寶？

我在賣貓飼料的店裡……

偶爾看到降價非常多的商品時……

都會因為顧慮安全性而不敢買……

限時!!
500元SALE

限購一件!!
3000元→999元

動物的食品安全標準比較寬鬆，確實會不安……

買了也怕……

不會買呢

沒人加入的好康不也是一樣的道理？

這個世上沒有那麼多好康的事情。假使都沒有人要加入，就表示八成事有蹊蹺。就算覺得搞不好真的會挖到寶，如果是在工作上，與其賭一把，我認為還是小心謹慎為上。

我去買貓飼料的時候，經常會看見便宜到讓人忍不住多看兩眼標價牌的特價品，不過商品會降價都是有原因的，其中大部分都是因為店家想要清空剩下的庫存。像是最佳食用期限快過了、廠商不受信賴、因為評價不好才賣不出去等等……。因為我特別在意食物的安全性，所以到頭來還是會買在一定價格區間內值得信賴的廠牌飼料。假使貪便宜買回來的飼料對貓咪的健康造成危害，屆時我一定會非常後悔。與其去買便宜飼料，結果害自己花上大筆醫藥費，還不如從一開始就給貓咪吃好的飼料，這才是真正對貓咪好、對自己的錢包也好的做法。

沒人要加入的好康也是一樣的道理。那種所謂的好康多半都是「有問題」，或是伴隨著某種風險。若是在工作上掉入好康的陷阱，不僅會讓自己，也會讓公司蒙受巨大損失，因此不可不慎。

work

09

專注力不足

沒辦法
專心……
唉——……
踏
踏

踏
踏

踏
踏
踏
踏

總之姑且
放手去做吧……
踏
踏
專注力
超強……
要是對該不該
繼續產生懷疑
就輸了……
踏

人類據說本來理所當然就無法集中精神。這是因為，遠古時期的人類在打獵途中有可能會遭到其他動物攻擊，因此為避免太過專注於一件事情上而有性命之虞，才會有分散意識的必要性。所以，心理學書籍普遍都認為「無法專注是理所當然的」，但卻也有很多書都在教導「設法保持專注的方法」。以條件來說，人類和野生動物都是一樣的，不過比人類更接近野生的貓咪卻能夠在某件事情上發揮強大專注力，那就是「踩踏」。

貓咪有時會用踩踏毛毯、抱枕等柔軟物品的動作來表現愛意，而貓咪踩踏時的專注力可以說非常驚人……那副好比工匠般默默不斷認真踩踏的模樣，在網路上還被人比喻成是「麵包師傅」。看著貓咪專心踩踏的樣子，我不由得心想「要是對持續踩踏這件事產生懷疑大概就輸了……」。心想既然貓咪做得到，那我也要仿效牠們，於是我決定即便專注力下降，也要姑且放手去做。

就像踩踏毛毯的貓咪一樣什麼也不想，不帶懷疑地默默持續下去。姑且不論最後是好是壞，只要持續下去，就一定會產生出某種結果。這樣總比中途停止，既沒有留下成功，也沒有留下失敗要來得好。如果結果是好的那就再好不過，倘若失敗了也能將這次的經驗運用到下一次；在工作上也是一樣，有時失敗也只需稍加修正就能順利過關。因此，我建議就算無法專心時，也要動手去做。

work 10 想要獲得更多好評

工作表現獲得好評是一件令人開心的事情。但有時即便已經很努力了，得到的反應卻還是不如預期，又或是得不到正面的評價。

與現在只有一隻貓相比，以前我家有五隻貓的時候，每次放飯都更加辛苦，明明我已經努力確認每隻貓的喜好，也為此特地下了一番工夫，但有的貓吃得津津有味，有的卻滿臉嫌棄、吃飯吃得像在盡義務似的，甚至有的還擺出一副「給我飯吃是應該的」的樣子……。雖然這只是我觀察貓咪們表情後擅自做出的妄想，不過貓咪們的反應確實各不相同。這讓我不禁感嘆，即便照顧方式是一樣的，付出的努力也未必會得到相應的回報，貓咪們也不會全部都給予我相同的評價。

工作也是如此。對於同樣一件事，有些人會給予好評，有些人則不會。另外，自己希望獲得好評的部分，和對方想要給予好評的部分有時也會產生落差，結果就在意想不到的部分受到稱讚或是批評。對於這種情況……也只能說「人生就是這樣」了，畢竟要所有人都做出相同評價是不可能的事。所以，當你明明已經很努力卻還是沒有獲得好評時，請不要太過沮喪。就算你在那個地方得到負評，有時只要換個地方評價就會上升。況且，縱使成功也會有人要你別得意忘形，即便失敗也會有人稱讚你非常努力。因此，對於這種事情還是看開一點比較好。

第4章

陌生人

01

希望有更多人與我產生共鳴

真希望更多人與我有共鳴……

如果沒有明確的目標，要別人產生共鳴是很困難的。

說的也是呢……

反過來說，有什麼事情是所有人都能產生共鳴的嗎？

無論網路或現實中都是……

若是幾乎所有人都有共鳴的，我倒是知道喔……？

那就是貓咪很可愛。

這的確是有志一同呢。

要讓許多人對自己產生共鳴，是一件非常困難的事情。以前在漫畫家之間，曾經瘋傳「社群網站的追蹤人數只要超過〇〇人，就能出道成為作家」的說法。當時有很多人為了達成這個目標，非常努力地想要提升自己的知名度，但是要引起許多人的共鳴實在太困難了，就連竭盡全力去研究專攻某方面的人，最後也都沒能成功。順帶一提，我當初之所以會知道這件事，是因為「能否出道才不是靠追蹤人數來決定！」這則來自作家的憤怒發文在網路上爆紅，結果反而是這則發文讓許多人產生了共鳴。

說來慚愧，其實我當初會出道成為作家，是因為發表在社群網站上的漫畫獲得了共鳴。只不過，當時我正專心從事電玩遊戲的工作，漫畫也只是畫給朋友看的，完全沒有想要擴大知名度或是出道成為作家的意圖。我想就是因為沒有帶著目的性，只是傳達發自內心的感受，或許更容易讓他人對自己產生共鳴吧。

就連療癒的貓咪貼文，也曾經有人因為太想要獲得共鳴或引起關注，遭人質疑為了拍出好照片而虐待貓咪。因此，我建議先不要想著要獲得共鳴，而是試著將真正發自內心的感受表達出來。比起人數，能夠和真正與自己產生共鳴的人相遇，才是最難得可貴的。

stranger 02

無法溝通

啊～～真是的!!剛才的人……
完全無法溝通，真是氣死我了!!

對於無法溝通的陌生人，
就把對方當成流浪貓吧。

若熟人的好感度是家貓……那麼陌生人就好比流浪貓……
看這邊～
喂～
就算跟流浪貓搭話，貓咪也只會逃跑或是不理人……

只要一開始便視為理所當然，就能豁達地接受事實，
而且把對方當成流浪貓，就算態度再冷淡也能夠原諒喔。

流浪貓的個性通常很冷淡。即便溫柔地跟牠搭話或伸手示好，流浪貓也多半會立刻逃跑，要不然就是不理人。因為流浪貓對人漠不關心，所以才會如此難以接近，而這一點跟無法溝通的陌生人非常類似。

家貓就跟朋友、家人、戀人這些好感度高的人一樣，儘管是貓，卻願意在某種程度上信任人類。至於工作相關的人物，則和貓咪咖啡廳的貓有幾分相似。因為是專業的店貓，所以很習慣和人相處，即便是初次見面，態度也感覺較為和善親人。

前面說了這麼多，我真正想表達的其實是，只要把無法溝通的人當成流浪貓，將這樣的情況「從一開始便視為理所當然」，內心自然就能豁達地接受事實，也能有「態度冷淡很正常」的想法。

即便和陌生人無法溝通，也不需要為此感到煩躁。畢竟對方不是家貓也不是專業的店貓，而是在外流浪的街貓。對那樣的對象抱持期待，也只會讓自己心累而已。

從對方的角度來看，我們同樣也是無法溝通的陌生人。此時此刻，對方說不定也正不耐煩地心想「真討厭，遇到無法溝通的傢伙了」呢。既然只是陌生的過客，以後不會再見面，那就將彼此當成流浪貓，趕緊忘掉所有的不愉快吧。

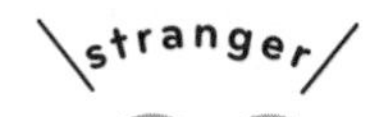

03

看不慣別人

那個人……真教人看不順眼……

不需要為了陌生人打壞自己的心情啦。

他怎麼就不會多替周遭的其他人著想呢……

陌生人的言行會不如己意是理所當然的。

就算流浪貓不聽你的話……

這態度……你身為貓這樣對嗎？

？

你也不會認為牠應該像家貓一樣親人吧？

只要把陌生的路人

當成流浪漢就好了。

人們經常會為了陌生的路人心煩氣躁，或是想要大肆批評對方的言行。最常見的情境，大概就屬違反交通規則了吧。我最近遇到的情況，是有一輛自行車在狹窄的道路上，以高速從對向車道疾馳而來。那人可能是想在遇到對向來車之前加速右轉吧，結果卻讓當時的狀況變得非常恐怖。我雖然覺得對方應該要多替周遭其他人著想才對，可是人不是那麼輕易就能改變的，若是陌生的路人就更是如此。

就拿流浪貓來打個比方好了。當流浪貓在破壞花圃，或是在路上跟其他貓咪吵架時，即便有人出聲制止，也不會像家貓一樣乖乖聽話。但是，流浪貓也會因為被人餵食、收容，而慢慢像家貓一樣學會規矩。我想，流浪貓大概也會視自己和人類之間的關係，去選擇顧慮的對象吧。人類之中也是有些人一旦到了全然陌生的環境，便會盡情地解放自己，一派反正旅途中出的洋相沒人會記得似的，將平時的理性全部拋諸腦後。並不是說我們應該要無時無刻繃緊神經，但是那樣確實會對碰巧受到牽連的人造成困擾。因此，不如就把陌生的路人當成「流浪漢」吧。既然是關係沒有好到會去顧慮對方的浪浪，那麼對方會做出那種行徑也是沒辦法的事。我們只要警惕自己，不要變得像那些流浪漢一樣就好。

stranger
04

故作親暱

我好討厭別人故作親暱……
好像貓喔。
難道每次都非得搭理對方不可嗎？
唉……
只要不會傷到對方，適度拒絕應該沒關係吧？
因為貓咪也不喜歡那種人，所以我可以理解你的心情……
呵呵！
貓咪也討厭故作親暱的人啊～
但是，我也懂不被理會的人的心情喔。
嘶哈哈
哇……
我會小心不要傷到對方的……

這一點雖然也得依貓咪的個性而定，不過和狗狗相比，貓咪確實多半討厭別人故作親暱。當貓咪遇到隨便接近自己的人，通常不是哈氣威嚇，就是一溜煙地躲起來，不想搭理對方。

每次見到這種場景我都會想，人類在遇到故作親暱的對象時，其實也可以在某種程度上無視對方。如果每次都去搭理對方只會搞得自己很累，而且我也很不喜歡別人做出過度親密的肢體接觸，以及剛認識就在社群網站上用輕佻的態度跟我說話。

不過這個世界上，也是有人認為態度親暱、愛裝熟的人比較容易和人打成一片。由於每個人的個性不同，看法也不一樣，因此沒有說哪一方一定是正確的。對方沒有必要配合我們，而我們也不需要勉強去配合對方。

而且，在見過貓咪冷淡的態度之後，我不僅非常了解「不想理會對方的心情」，也因為自己遭受冷淡對待而稍微能夠體會「不被理會的人的心情」（苦笑）。過度閃避會讓對方受傷、失落，因此如果今後還想繼續和對方維持關係，在不傷人的前提下適度無視對方，或許是一個兩全其美的做法。

stranger
05

對路人感到不爽

我剛才忍不住對路人感到不爽了……
啊~……這很常見。

最近我很常遇到那種人……
亂扔
也許是你太過在意，導致下意識在尋找那種人。

就跟我走在路上常會發現貓咪一樣。
什麼？

我會無意識地開啟搜尋雷達，然後就找到貓咪了……
驚
我大概能理解你的意思……

只要踏出家門，就有機會遇到不守規矩的人和感覺很差勁的人。但是，那種人畢竟只占了極少數，大部分的人都還是會注意不要給其他人造成困擾或是惹麻煩。

所以，假使你很常遇見那種令人不爽的人，就表示你有可能開啟了雷達，無意識地在尋找那種人的蹤影。

就像是在想吃甜食時，總是會發現甜點新品一樣；如果抱著「最近老是遇到不守規矩的人……」的想法走在路上，就會遇見那種人。

走在路上常會發現貓咪的人也是如此。對貓完全不感興趣的人就算走在同條路上也不會發現貓，但是愛貓人士卻彷彿身上裝了某種感測器一般，連躲起來的貓咪也能察覺。以前，我曾經和專門拍攝貓咪的攝影師對談過，當時我就覺得，這位攝影師即使和別人走在同一條路上，眼中見到的貓咪數量大概也和別人不同吧……。他在路上遇到貓咪的機率就是如此之高。

所以，假使你最近老是遇見令人不爽的人，可以嘗試有意識地去關注其他事物，或是想想看自己最近是不是有什麼煩心的事情。心境改變了，眼前的景色自然也會大不相同。

stranger
06

社群網站上的炫耀文

有人在社群網站上向你炫耀時，你會怎麼做？
唔哇……

徹底無視。

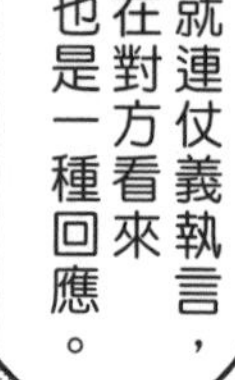
炫耀文和誹謗中傷是不會消失的……
請不要酸言酸語
要你管www
立刻停止誹謗中傷喔！
你是在妨礙言論自由www
就連仗義執言，在對方看來也是一種回應。

只有人才會對什麼都做出反應。
遇到麻煩的傢伙時，像貓一樣徹底無視就好。

有人在社群網站上向自己炫耀時，最好的做法就是不要有任何反應。遇到誹謗中傷時也是一樣。這是因為無論是炫耀文還是誹謗中傷，不管你做何回覆，在對方看來都是一種回應，所以只要你有反應，對方就極有可能一再回文。

如果不做任何回應，有些人的心裡會覺得很不痛快，也有些人會因為無視對方而產生罪惡感。但是坦白說，世上也只有人才會對所有事情都做出回應。

儘管可能還是有個體上的差異，不過貓咪如果是自己主動撒嬌也就罷了，通常不太喜歡人類主動靠過來。若時機不恰巧，還會以「我現在不想理你」的態度無視對方。我有一位朋友以前非常愛逗他養的貓，因為覺得貓咪連嫌惡的反應都很可愛，於是便一直死纏爛打。起初，貓咪還會對他發出低吼甚至是攻擊，但到最後就完全無視他了。我到現在都還記得，那位朋友說「我的貓都不理人……」這句話時臉上落寞的神情。對付愛刷存在感的人，最有效的辦法就是無視。既然後來連我朋友也懂得察言觀色，就表示貓咪的應對方式是正確的。

覺得麻煩就不要回應，我們也只要這麼做就好。會在社群網站上炫耀、展現優越感的人，心裡往往都很期待別人做出反應。無論是跟對方說教、客氣地回覆，又或者是嚴詞批判，由於對方只要獲得回應就會沾沾自喜，因此最好的方法就是不予理會。

在街上遇見言行惡劣的人

要是在街上遇見言行惡劣的人……該怎麼做？
身而為人，是不是應該要指正對方啊？

只有人才會懷抱正義感，投身險境。
真令人困擾……
你在說啥？？
我嗎？？蛤？？
這時就應該捨棄理性，讓自己變成動物。

我家的貓咪也是一見到房間出現大蜘蛛，就會拋下我逃走……
垂
大驚！
哈哈……

如果在街上見到讓人覺得「這傢伙很不妙……」的人時，各位或許會認為身而為人，應該要挺身指正對方才對，但是我的唯一建議是「逃跑」。因為你會第一眼就覺得對方很不妙，是由於本能對你發出了危險警訊。如果是動物，就會在感應到生命危險的瞬間毫不猶豫地逃跑。我家的貓咪也會在房間突然出現大蜘蛛時，拋下我這個飼主自己逃走。雖然覺得有點傷心，不過我認為人在感應到危險時，也應該捨棄一部分的理性，以逃跑自保為優先。

實際上，有些人的確因為自己的正義之舉而惹上麻煩，不是身受重傷，就是丟了性命。從新聞報導來看，那樣的受害者感覺以男性居多。女性受害者之所以很少，或許是因為女性多半自認無力對抗，而且也不會像男性一樣被人批評「虧你還是個男人」，所以在精神上也比較容易逃跑吧。

我想，遇害男性當時應該也沒有輕忽大意才對。但即便是已經料到會有危險的男性，在遇到真正惡劣的對象時還是無法制伏對方。光是想到這一點，就能明白和那種人扯上關係有多危險。

假使真的很想做些什麼，那就向周圍其他人求助或是通知警察吧。只想憑一己之力解決問題的想法非常危險。

stranger

08

志工精神是必須的？

志工精神是必須的對吧？
我只會偶爾捐款而已
假使有餘裕，在能力範圍內付出就好吧？

可是書上說，應該要從很窮的時候就盡力而為……
有養貓也很難……
這要看你想不想和能否做到吧？

就跟與其在各方面條件不佳的環境下勉強養貓……
還不如讓金錢和時間都有餘裕的人飼養更好一樣。

明明沒有能力卻執意出手，也只是自我滿足，誰也救不了……
行動之前，還是應該衡量自己的能力。

我認為所謂志工精神並非「絕對必要！」，而是應該在有餘裕的情況下付出。有「不求回報，無償地為他人服務」這樣的想法是很好，可是這件事真正要實行起來，難度卻是非常高。

不求回報這件事，並不像講起來那麼容易。在沒有被限制「不可以要求回報」之前都還做得到；可是一旦要你打從心底接受這一點之後，假使對方一副理所當然地收下你的好意，就會忍不住希望對方「多少表達一點謝意」了。另外，無償從事志工活動除了在服務期間沒辦法工作外，還需要足以支撐那陣子生活的金錢和時間。世上也有人在心靈、金錢、時間方面缺乏餘裕，所以要是篤定地說志工精神是「必須的」，那麼愈是有心想為他人服務的人，就愈會為了自己無力那麼做而感到罪惡。

通常只有實際付諸行動，才會獲得周圍其他人的認同。例如，有的人會說那些雖然想養貓，卻因為經濟條件不允許而無法養的人，根本不是真的有心要養貓。但是，如果把現在的狀況歸咎於自己不夠努力，只會讓自己感到難受，而且就算抱著「只要努力就能克服一切！」的想法勉強養了，之後也不是拋下一句「果然還是辦不到」就能了事的。所以，我認為最好不要過度堅信志工精神是「必須的」。

stranger
09

當羨慕別人時

當你羨慕別人時會怎麼做？
我會把自己想成一隻貓。
自己是貓？不是對方嗎？
？
有很多東西對貓咪的身體而言是具有毒性的……

就算某人擁有的境遇或資產看似美好……
明明獲得許多的東西……卻更痛苦……
對我而言也有可能是毒藥。

不過……最令我羨慕的還是貓咪啦。
真希望自己下輩子是貓
我也是～

當我羨慕別人時，我會把自己想成是一隻貓。

有些人可能會說「居然妄想變成貓主子，真是厚顏無恥啊」，不過貓咪和人不一樣，有很多東西都會經由食用或接觸讓貓咪中毒。像是我喜歡的巧克力和甜點、鬱金香和滿天星等漂亮的花束，生活周遭有許多植物和食物都會毒害貓咪的身體。由於黃金葛這類觀葉植物也有毒性，因此我在貓咪年紀大沒辦法跳上桌子之前，一直都把我種植的黃金葛寄放在老家。我眼中美味的食物和漂亮的花朵，對於貓咪來說，全部都像是毒藥一般的存在。

對於別人所擁有的境遇或資產感到羨慕雖然在所難免，不過一旦自己獲得了那些，或許才會發現事情並沒有那麼美好。即便從別人手中搶走理想的工作，也有可能發現自己其實根本應付不來；又或者原本覺得別人的男女朋友很完美，結果相處後才發現跟自己個性不合。儘管美夢成真卻因為壓力太大，反而懷念起過去的種種，這種情況可說不在少數。所以，當我羨慕別人擁有的東西時，就會告訴自己「別人的蜜糖可能是貓（我）的毒藥，喵～」。

我不想跟陌生人扯上關係……
全盤否定很可惜喔。

要是一輩子完全不跟陌生人接觸……
就沒有機會與人相遇了。

現在正在跟你說話的我……一開始不也是陌生人嗎？

戀人、朋友和貓咪都一樣，都是如此……

總之先認識，之後再選擇要跟誰往來就好。

因為相遇的次數愈多，能夠選擇的對象就愈多。

我非常了解不想跟陌生人接觸的心情。初次見面的人……總會讓人不由得心生警戒。不僅顧慮對方很麻煩，而且陌生人也不像熟識的朋友那麼好溝通。但是，如果活著完全不跟不認識的人接觸，就會沒有機會與人相遇。現在跟我們熟識的好朋友、家裡飼養的寵物，一開始也都是全然陌生的對象。正因為彼此一度以某種形式產生了連結，才會建立起現在的關係。

當初撿到貓咪時，我本來已經預定要向認識的繁殖者領養小狗了。因為自己覺得對飼主忠誠的狗比較適合我，而且由於朋友家的貓會抓人，所以見到朋友傷痕累累的手臂，讓我對貓產生了恐懼感。

不過，最後我還是沒有替撿到的貓尋找收養人，至於小狗則因為還有很多人想養，於是就決定自己來照顧貓咪了。我感覺我和我家貓咪之間的相遇，就像是冥冥之中注定好的緣分。要是我當初堅決不對貓咪伸出援手，之後就不會和貓咪共同生活近二十年，現在也不會在這裡分享貓咪的故事了。

今後要不要繼續和認識的人來往，之後再決定就好。因為僅有一次的邂逅，或許會改變往後的命運也說不定。

stranger
11

被人冷淡對待好火大

店員對我的態度好冷淡，真令人火大。
感覺好～糟……
把冷淡的人想成是貓就好啦。

但對方又不像貓那麼可愛，不值得原諒。
氣噗噗
重點不在於可愛或是原諒啦。

貓的冷淡是……
高冷
家常便飯。

只要想著這是理所當然……
就能鍛鍊出強大心靈……

每次遇到什麼事都會「把對方當成貓」的我，特別是在遇到很冷淡的陌生人時，一定會把對方想成是貓。我知道可能有人會說：「對方又不像貓那麼可愛，我辦不到！」但其實不需要勉強把對方想像成可愛的貓咪，而且這麼做也不是為了產生「既然是貓，就可以原諒」的想法。無論是流浪貓還是家貓，貓的個性都相當喜怒無常，所以被貓冷淡對待可說是家常便飯。

即使遇到會讓人心想「感覺好差……」或「好歹回個話吧……」的情況，只要把對象從人換成貓，就會覺得「今天也正常運作呢」。尤其是在路上偶遇的貓咪，往往都會對人視而不見到讓人不禁懷疑「難道牠看不見我？」。常聽到有句話說：「最令人難受的不是被討厭，而是被無視」，由於當貓咪對對方不感興趣時會徹底無視，因此我即使被冷淡對待，也只會慶幸對方有看到我這個人。

我會經常把言行舉止不順己意的陌生人比喻成貓，是因為要想像其他神祕生物或令人討厭的東西很困難，反倒會讓人愈想愈生氣。既然目的是為了轉換心情讓自己不那麼煩躁，那麼貓咪做為「身旁會沒來由地冷淡對待我，卻又讓人無法討厭的對象」再適合不過了。

stranger 12

想要被陌生人吹捧

我希望隨時隨地都有人吹捧我！
想受歡迎想要出名超想──被關注
是喔……我要看對象和場合吧……

你不覺得來歷不明的人……
突然朝自己逼近很恐怖嗎？

我家的貓也是只要見到不熟悉的人就會警戒……
小貓咪～
因為要是靠得太近，一旦有狀況就很難躲避了。

在社群網站上突然來裝熟的通常也都是麻煩人物吧？
嗯嗯
啊，這倒是。

有些人無論在現實生活還是社群網站上，都希望隨時隨地有人來吹捧自己。老實說，我覺得隨時隨地都被陌生人吹捧有點恐怖。畢竟對方是來歷不明的陌生人，而且不管再怎麼樣，吹捧也得看時間與場合才行。

我家以前有五隻貓的時候，貓咪們通常只要見到陌生訪客都會提高警覺，在一定距離外默默觀察直到放心為止。會來我家的人多半都很期待見到貓咪，對貓咪很有好感，但是從貓的角度來看，牠們並不曉得這個人安不安全。一旦允許危險生物接近自己，當危急時刻來臨時逃生機率就會下降，因此和陌生人保持距離是動物的本能。

受到群眾簇擁的名人，以及每次發文都引起熱烈回響的人或許令人羨慕。不過，名人往往必須雇用保鑣，平常出門也得遮遮掩掩，在受人喜愛的同時，他們也付出了自由受限的代價。不僅如此，那些在網路上大受歡迎的人，有時也會遭到酸民們誹謗中傷。愈是受人仰慕的人，遭人妒忌的機率也愈高。如果是因為自己想做的事情而受到他人吹捧稱讚，那也是沒辦法的事，但是與其為了受陌生人喜愛而努力，加深和身旁親朋好友之間的感情，才是安全又真正能帶來幸福的做法。

第5章 自己

oneself

01 不想生氣

好想成為不會生氣的人……
生氣的自己好討厭……

我過去在心情煩躁的時候……
會因為不忍貓咪感受到我的情緒而外出……

但是……一想到外出的這段時間貓咪有多寂寞……
我便決定慢慢減少自己發脾氣的次數……

就好比生氣總會有理由……只要有無法生氣的理由……
就能夠減少發脾氣的機會喔。

我認為人若有期望成為怎樣的自己，只要想著是為了某個對象，或許就能夠好好努力。能夠為了自己而努力當然是最好的，不過要是覺得困難，那麼像是自己養的貓、家人、朋友，為了某個對象而努力也很好。尤其是「想要成為不會生氣的人」時，通常除了自己，也是為了身邊的人……會這樣想的人應該很多吧？

以前，我身邊也有那種非常易怒的人，讓我每天都擔心自己會不會被遷怒，即便挨罵的人不是我，也會由於感應到對方散發出來的壓迫感，因此承受相當大的壓力。怒氣就是如此令周圍其他人感到不安。

所以我就在想，如果我在家裡生氣了，那麼一起生活的貓咪會感受到什麼樣的情緒呢？

動物的直覺非常敏銳，因此為了不讓貓咪感應到我的怒氣，我會不分日夜地外出，等到怒火平息之後再回來。但是後來又想到當我不在時，貓咪可能會很寂寞地等我回家，於是便決定減少發脾氣的次數。像是尋找讓心情平靜下來的方法，或是讓自己習慣不要為了小事情發火。

就好比生氣總會有理由，只要有不想生氣的理由，就能夠減少發脾氣的機會。不想生氣的人，可以試著想一想自己願意為了什麼理由不要發火。

oneself

02 想要生氣

就好比有人明明不想生氣卻忍不住發脾氣一樣，也有人即便想發火也生不了氣。由於這兩者都屬於極端情況，難免會讓當事人感到困擾。有必要時就生氣，非必要時就壓抑怒氣——這句話看似簡單，實際上卻很難做到。

無法生氣的人，有可能是因為把生氣這件事想得太負面了。如果明明想生氣卻一直生不了氣，那麼遲早有一天一定會受不了，不是怒氣爆發，就是精神崩潰。順帶一提……其實我也是那種人，但是我覺得想生氣卻生不了氣的人，並不會想要大吼大叫地發火。他們應該就是因為不擅長發洩怒氣，才會沒辦法生氣，但結果卻讓自己變得悶悶不樂。

所以，遇到想生氣卻生不了氣的時候，我會假裝生氣。我會趁著貓咪為了什麼事情動怒時，一起發出「嘶哈！」的哈氣聲。只要周圍沒有需要顧慮的寵物或同居人，隨時要怎麼哈氣都無所謂。假裝自己正在生氣的行為，會讓我感覺好像稍微有把怒氣發洩出來。因為只有發出「嘶哈！」的聲音，不需要口吐什麼難聽的話，而且音量也不大，所以即使是半夜也不用擔心。另外，由於必須用力吐氣才能發出「嘶哈」的聲音，因此會像大口深呼吸時一樣感到非常舒暢。推薦各位在想生氣卻無法生氣、悶悶不樂時，用這個方法來紓解情緒。

想要變得任性

每每看著貓咪都讓我覺得……

趴下

人其實也能活得更任性一點……

與其說是貓主子所以會被原諒……

我是狗派！

倒不如說假使對方討厭貓才會無法原諒……

若能選擇對象和場所……

原諒吧！

貓派

狗派

超困擾！

任性就會變得不再是任性……

不要隨時隨地一直忍耐……

雖然會妨礙工作但無妨～……

呼嚕呼嚕

創造出能盡情要任性的地方也很重要……

擁有一個可以盡情耍任性的地方非常重要。所謂可以任性地活著，就是很多事情都能夠獲得他人的寬恕。人只要獲得他人的寬恕就會感到安心。所以，我認為總是在壓抑自己的人，可以再活得更任性一點沒關係。

話雖如此……活得任性這件事假使不被認同，就會引起他人的反感。沒有地方可以讓我任性做自己……各位可能會有這種想法，但其實就連我們自己覺得任性的事情，也會因為對象和場所的不同而不被當成是任性的行為。

每每看著貓咪，都讓我很羨慕牠們每天就算耍任性也會被原諒，可是回頭冷靜想想，那應該純粹是因為我喜歡貓，往來的朋友也喜歡貓，於是我選擇在愛貓人士聚集的環境下生活的關係。如果這裡是狗派的地盤，或許就會變成狗的任性行為會被原諒，但貓的任性行為就不行了。又假使是一群討厭動物的人聚在一起，那麼無論貓狗也許都不會被原諒。

這個世界上，一定有其他和自己一樣正在忍耐的人，而我們應該能夠在那裡找到可以任性做自己的地方。如果還是找不到，創造出一個專屬於自己的王國也是不錯的辦法。無法任性的人通常連獨處時都會壓抑自己。所以，稍微口出惡言也無妨，埋首於某項祕密嗜好也可以，只要創造出一段做什麼都能被原諒的時間，內心就會感到平靜許多。

oneself

04

想要擁有欲望

想吃零食嗎？
喵 喵

喵 喵
你希望我不要再睡覺該醒了啊……

要是我能像貓一樣不忍耐，坦白說出自己想要什麼……
呼嚕呼嚕
或許也就可以獲得許多的東西了……

想要的東西……想做的事情……喜歡的人……
我想從事畫貓的工作!!
或許能幫忙介紹……！
有表達就有成功的機會。

貓咪總是非常直接地表達自己的欲望。想吃零食、想吃飯、希望主人起床不要睡覺……儘管我無法全部滿足，但是正因為我知道貓咪想要什麼，才有辦法做出相對的回應。

我認為人也應該像貓一樣不忍耐，更加坦白地說出自己想要什麼。因為我也曾經在回顧過往時，後悔著「要是當時我有坦白說出自己的欲望，或許早就得到那樣東西了……」。

不只是物品，假使當初有向喜歡的人告白、假使在跟師長商量未來出路時有明確說出自己的志向，如今或許就會踏上另一條不同的道路了。

由於人有許多事情必須透過言語來表達，因此有表達就有成功的機會。即便一個人很懂得體察人心，但只要本人沒有開口表達想要的意願，就無法硬是主動要對方接受。

我覺得擁有更多的欲望並不是件壞事。人如果沒有欲望，就不會產生夢想。有了欲望才會有想要實現願望的念頭，人生也因此自然而然產生了目標。懂得自制固然重要，但我想只要不會給別人造成困擾，就不需要去否定欲望的存在。

oneself
05

想要變得溫柔

無法溫柔對待他人時……
就會回想與貓相處的時光……
就算亂便溺，就算惡作劇……
我對貓的愛依舊不變……

要從0創造出1雖然困難……
但要讓1增加為2或3就看你有多努力了。

世上只要有一處能讓你展現溫柔的地方……
就一定能繼續增加下去……

當你無法溫柔對待他人時，請試著回想過去溫柔對待某人時的情景。只要你曾經溫柔對待過某個人或某隻動物，就一定能夠再次展現溫柔。過去能夠溫柔待人的人，現在內心也一定還蘊藏著溫柔。要從0創造出1雖然困難，但是只要有了1，那麼接下來能否將其增加為2或3，就端看你有多努力了。

每當無法溫柔對待他人時，我都會回想自己與貓相處的時光。因為即便貓咪亂便溺或是惡作劇，我都能夠對牠們傾注愛情。只要想到「我有能夠溫柔以待的對象」而不是從0開始，增加對象這件事就變得好像不是那麼困難了。

假使你無論怎麼回想，都想不起自己曾經對誰溫柔過，就請回想那個曾經溫柔對待自己的人，然後試著模仿對方就好。另外，如果你雖然不曾溫柔待人也不曾被溫柔對待，卻還是想要變得能夠溫柔對待他人，那無疑是一件非常了不起的事。因為，多數人都是因為受到善待才會想去善待他人，很少有人會從0開始產生想要溫柔對待他人的念頭。這個時候，你只要如實地將自己所認為的溫柔化為行動就好。

溫柔待人沒有一定非得怎麼做才行，由衷想要展現溫柔的心意比什麼都來得重要。

oneself

06

想要表達討厭的感受

撇頭
理由：難吃!!

貓對於討厭的東西都會露骨地表現出來呢……
喵—（難吃）
喵—（好難吃）

不過……也因為這樣我才知道貓咪討厭什麼……
喵—（難吃）
喵—（難吃）
人也一樣，若不表達出來就不知道對方討厭什麼……
喵—（難吃）
喵

討厭的話就直說吧……
原來你喜歡其他口味……
喀滋喀滋
只要像這樣說出來，或許狀況就會有所改變……

如果有討厭的事情，那麼最好要說出來。貓咪對於討厭的東西會毫不掩飾地表現出來，也因為這樣，儘管語言不通，人還是能夠知道貓咪討厭什麼。既然人與人可以透過語言溝通，那麼只要表達出自己的想法，對方就能夠更加了解我們的感受。

只不過，也正因為語言相通，有些事才很難直接表達出來。由於「討厭」是相當明確的否定詞，因此有些內容要說出來需要相當大的勇氣。如果是像貓一樣語言不通，對方便也會努力去揣測我們的心情，可是人與人之間，若是一味忍耐什麼都不說、也不表現在態度上，對方就會以為我們「沒事」。這麼一來，我們就得一直暗自忍受那種不舒服的感覺。

就好比貓咪只要拒吃自己討厭的飼料，獲得其他飼料的機率便會提高一樣，只要我們好好地表達自己不快的感受，狀況或許就會有所改變。假使對於明確說出討厭二字感到抗拒，那麼換個肯定的說法如何？比方說，如果有選項的話，可以表達自己「比較喜歡這一個」，選擇相對比較喜歡的一方，或是從平時就試著表達自己的喜好等等，既然雙方語言相通，那麼對方應該就能接收到你所想要表達的意思。而且相較於「我討厭○○」，這種說法也會讓對方的感受比較舒服。

討厭的話就不要忍耐，想辦法盡可能避開吧。

oneself

07

有些事情不能容許

這個世界上有些事情是不被容許的……
不可以。

就算你發出可愛的叫聲也不行！
喵
喵
這個不行！人類的食物你不能吃！它有毒，不行！

牠變得不會想吃人類的食物了……
無視……
看來連貓也能理解不是所有事情都會被容許。

有顆寬容的心是很棒的事情，可是世上確實有些事情無法被容許，也不可以容許。因此我們不需要凡事都予以包容。

我平時非常疼愛貓咪，但是當貓咪想吃對身體有毒的食物，或是想做危險的事情時，我一定會明確地告訴牠「絕對不可以」。連以前對我的食物興致勃勃的貓咪，在被我拒絕過好幾次之後或許也明白了，現在牠已經變得不會想吃人類的食物了。不過，因為除了討食這件事情外，牠還是一樣經常會死纏爛打耍任性，所以我想只要明確表達，就算是貓也能夠理解不是所有事情都會被容許。

我雖然也害怕拒絕會被對方討厭，但是我更無法容忍因為自己一時心軟結果害對方遭遇危險，所以即便是其他事情，只要我不打從心底認為應該容許，就不會勉強自己點頭答應。

凡事都願意原諒包容的人不是善良的人，因為有很多情況是為了對方好才會明確拒絕。什麼都說好的人說得難聽一點，根本就是不負責任、漠不關心。為了自己也為了對方著想，請務必懂得適時拒絕。

oneself

08

可以挑對象嗎？

能夠不挑對象一視同仁地跟所有人相處……
雖然這是最理想的……
喵—
嗶嗶
好乖好乖
磨蹭磨蹭
有電話……
喂……
喂……
嘶哈哈哈
炸毛
貓在生氣？沒事吧？
抱歉……
牠在嫉妒跟我講電話的人啦……
就連貓也會挑對象採取行動……
嘶哈—哈—

假使能夠一視同仁地跟所有人相處，那無疑是一件非常好的事情，但是就我來看，在某種程度上挑選對象也未嘗不可。

像貓咪就會毫不掩飾地挑對象。不只是面對面，就連跟我講電話的對象也會確實挑選。貓咪會挑和我感情好的人，但並不是因為牠對跟飼主感情好的人特別友善，而是牠會出於嫉妒不停喵喵叫，打擾我講電話。這麼一來，對方也會不好意思地說：「不然就先掛斷吧？」然後當電話一掛斷，貓咪就會立刻停止叫聲。雖然貓咪會挑對象是出於任性和占有欲，不過我認為人其實也可以在某種程度上挑選相處的對象。

「對喜歡的人溫柔」、「對討厭的人冷淡」，這麼做應該不為過吧？再說，「無論對誰都應該一視同仁」這句話簡直就像詛咒。如果是在工作上被要求對每個人的態度都必須一樣，那也是沒辦法的事，但假使連日常生活都得壓抑自己的感情就太不合理了。要是因為這樣而被不喜歡的人喜歡上，或是被喜歡的人誤會，到時誰要負責呢？

「不可以挑選」這句話說到底，就是在強迫我們去「選擇自己不想選的」。既然都要做選擇，還是尊重自己的意願比較好。

oneself
09

不恐懼未來

一想到將來
就讓人
覺得不安……
……
無論何時
未來總是
出乎意料……

以前完全
想像不到
新冠疫情……
也沒想過
我會一把年紀
還換工作……

就連那天
遇見你……
也是無法預料
的未來……

無論恐懼
還是期待，
都只要專注於
「現在」……
因為未來會
發生什麼事
誰也不知道……

未來會發生什麼事誰也不知道。

小時候以為將來會成為的模樣，和長大後的自己截然不同；原本以為會一直在一起的朋友，現在卻不曉得在哪裡做些什麼。到學校上課、就業、工作，偶爾和朋友去喝酒，休假時則去購物或旅行……。本來以為如此安穩的生活會永遠持續下去，但是有誰能夠預料到一場突如其來的大地震或是世界級的傳染病，竟然會讓我們再也無法隨意見到親近的人呢？我想這是誰也無法預測的。

儘管一想到未來就令人感到不安，然而當壞事發生時，實際情況總是會輕易超越我們的預測。在未來不知道會發生什麼事的這方面而言，也有可能會發生許多好事，說不定還會突然遇見足以左右我們人生方向的重要人物。我至今也不曉得有過多少次「真是意外的邂逅……」的想法，和貓咪的相遇也是其中之一。以前的我從沒想過自己會和貓一起生活，畢竟我在撿到貓之前是狗派……。

無論恐懼還是期待，都只要專注現在就好，因為我們連幾秒鐘後發生的事情都無法預測。與其煩惱不知會發生什麼事的未來，不如把時間運用在這個當下。我們所能掌控就只有現在。

不拿過去折磨自己

每次回憶過去總會想起許多難過的事……

你在失去家人之後……

還是每天都有好好吃飯，

並慢慢習慣獨自一人的生活……

因為連小小的你都辦得到……

讓我也有了要努力活在當下的想法……

隨著年紀增長，比起未來，過去的時間更加漫長……
而動物的一生走得比人快所以更早懂得把握當下吧……

人生總是充滿許多令人難過的事情。我也同樣有過幾次痛苦的經歷。

近來最令我難受的時刻，就是在我的家人過世那一年，有兩隻愛貓也因病去世。後來五年內又有兩隻貓相繼過世，原本共有五隻的貓咪變成只剩一隻，現在家裡就只有我和即將年滿二十歲的貓爺爺，一人一貓住在一起。坦白說，我以前常忍不住心想……讓這孩子留到最後是一件很殘酷的事。因為牠最愛撒嬌，和其他貓咪也處得很好，所以我很擔心牠會無法忍受寂寞。因此，見到牠每天都好好吃飯，也慢慢習慣家裡只有自己一隻貓的生活，讓我決定要向努力活在當下的這孩子學習，不讓過往的傷痛牽絆住自己並往前邁進。

隨著年紀的增長，至今活過的時間和往後剩下的時間一定會產生逆轉，變成已經流逝的時間比未來更漫長。也許是因為貓咪的壽命比人類短，所以很早就懂得要把握當下吧。由於我的年紀也不小了，往後的日子應該會比至今活過的時間來得短。人只要有餘裕就不會去關注現實，所以當未來的時間還很多時，便不會想著要珍惜現在，反而會去回首過往。但願正在讀這篇文章的人，都能選擇享受當下，而不被過去所束縛折磨。

不知道自己想做什麼

我是為了成就什麼才來到世上呢……
應該有某種使命吧……？
喵

喵—
呼嚕
呼嚕 呼嚕
咕嚕
咕嚕
咕嚕

貓咪這麼悠哉真羨慕……
呵呵
喵？
啊～……

會去尋找生存意義的大概只有人類吧……
活得悠哉一點其實也無妨。

經常會聽到有人說「人應該是為了要成就什麼事情，才會誕生在這世界上」，不過說實話，我覺得其實未必是有什麼特別的使命。

每每看著貓咪，都讓我感覺世上會去尋找生存意義、理由的或許只有人類。並且不禁會想，我們何必要刻意將責任加諸在自己身上去逼迫自己，能夠放輕鬆的時候就悠哉過活就好。

當不知道自己想做什麼時，那就什麼也不用做，因為不知道就表示自己現在沒有想做的事情。不知道自己該做什麼時也是一樣，因為這就表示沒什麼事情是非做不可的，即便倉促行事也只會招致失敗。人一旦找到自己真正想做的事情，即使被阻止也會想要去做，甚至會覺得時間不夠，一分一秒都不想浪費。這種時候，過去覺得「必須找到該做的事情才行」而找到的某件事，就會成為你現在的阻礙。為了擁有生存意義或使命而找到的東西，多半都和工作一樣無法突然拋下。因此當你找到自己真正想做的事情時，一定會很懊悔「為什麼我明明有真正想做的事情，卻得把時間花在不想做的事情上！」。

因此我認為，當你沒有想做的事情時不需要勉強去找，也不用把時間和金錢花在上面。把錢存下來以備不時之需反而比較好。

oneself

12 想要獲得幸福

在我至今走過的人生中，不曉得已經說過多少次「好想要獲得幸福」。當我注意到時，這句話似乎已經成為我的口頭禪了。

每個人心中的幸福各不相同，有人覺得能夠和終身伴侶相遇、結合就是幸福，有人認為生活無虞、不必為錢所苦才是幸福，也有人覺得在工作事業上獲得巨大成就是幸福。可是即便擁有終身伴侶，倘若死亡很早就將兩人拆散的話便會很傷心，而且我認識的有錢大老闆也說過比起地位和財富，他其實更想要有能夠對等地一起玩的朋友；另外，也有人明明事業成功卻因為每天過於忙碌，反而覺得沒錢卻能夠安穩度日的時候最幸福。

最近我常常覺得，只要年邁的貓咪能夠多陪伴我一天就很幸福了。雖然我很清楚自己總有一天會失去牠，也知道那一天不遠了，但是能夠一起度過的此時此刻卻是幸福無比。我想，「知道對自己來說什麼是幸福的那一刻」或許是最幸福的吧。

一旦決定「這才是人生的幸福」，或是認為達成巨大目標的成就感＝幸福，那麼當那個巔峰過了之後就會開始感到不幸。幸福的形式每一天都在改變，所以察覺自己此刻的心情和願望，就能牢牢把握住許多幸福，不再錯過。

後記

這次承蒙各位閱讀本書，實在非常感謝。

能夠有機會將我從和貓咪們的同居生活中學到的許多事情寫成書，我真的由衷感到榮幸。請容我在此先向各位致謝。

我本來很猶豫不知道該在「後記」寫些什麼，最後還是決定寫寫我和貓咪的邂逅。

大約二十年前，當時我其實本來打算養狗。

而且也已經跟認識的繁殖者約定好，等小狗出生之後就要領養了。

由於我過去在學生時期，曾經有過才剛和朋友家裡養的貓見面就被抓傷了手的經驗，再加上家裡有飼養貓咪的朋友，每次看到他的手臂總是傷痕累累，所以我一直都對貓咪有點恐懼。

我和貓咪的相遇，是在出差到某地旅行的時候。在預計返回東京的那天，天氣預報說中午過後會有颱風，於是我便趁早上稍微外出散步。當我準備經過河邊時忽然聽見鳥叫，後來仔細一聽，才發現那原來是小貓的叫聲。

當我尋找著叫聲的來源時，就瞧見了被棄置在草叢中、用廣告傳單包裹的兩隻小貓。就在我抓起牠們的瞬間，突然降下了磅礡大雨，於是我就用大葉子把貓咪們包起來，小跑步帶回住處。當時，我立刻就興起了收養這兩個孩子的念頭，因為總有種感覺這是命中注定好的緣分。後來，因為小狗還有其他人也想養，所以我便把貓咪留下來自己照顧了。

要是當時我沒有注意到貓叫聲，就這麼經過了……我想我現在就不會用貓的角色畫漫畫，也沒有機會寫書了。

關於未來，真的是連幾秒鐘後會發生什麼事都不知道，有時一次偶然的相遇，就有可能改變你我往後的人生。我在養貓之前是個工作狂，甚至經常一整晚都不回家，個性上也因為一直在都是男性的技術類公司裡虛張聲勢，所以比現在要尖銳許多。但是自從養貓之後，為了照顧牠們，我開始會每天乖乖回家，也因為擔心貓咪感應到不好的情緒，變得會時時提醒自己保持心情平穩。

每天看著貓咪們、和牠們生活在一起，讓我不禁產生了「要是我也能夠像貓咪一樣，放鬆地做自己就好了……」的念頭。而我當初之所以會成為自由工作者，也是為了要在家裡照顧年邁的貓咪。假使我當初沒有遇見貓，應該會走上和現在截然不同的人生吧。

正如同我的例子，相遇確實有可能連一個人的個性、生活方式也改變。改變我的是貓，有些人則是為了家人、朋友、戀人而改變，也有人改變的契機是夢想、工作、地點、物品，甚至是一本書。所以，假使有人覺得自己的未來不會有任何變化……那麼我想告訴各位，畢竟我們連幾秒鐘後的未來會發生什麼事都不知道，自然也不曉得會有什麼樣的偶然在前方等著我們。

就好比我以前那樣。

如同注定要相遇的人一般，但願這本書也能成為在茫茫書海中，注定與你相遇的那一本。

〈著者簡介〉

Jam

插畫家、漫畫家。
描繪日常生活中發生的人際煩惱的漫畫《聖代貓》系列，在推特上累積超過50萬的轉推次數，引發熱烈討論。
座右銘是「把握當下」。
著作有《沒事沒事，太認真就輸了》（財經傳訊）、《貓咪老師教你整理房間，從心做起！》（台灣角川）、《言いにくいことはっきり言うにゃん》（笠間書院）等。

喵星人的生活哲學

從工作、戀愛到人際，一掃煩憂的處世之道

2023年 2月 1日初版第一刷發行

著　　者　Jam
譯　　者　曹茹蘋
副 主 編　劉皓如
發 行 人　若森稔雄
發 行 所　台灣東販股份有限公司
<地址>台北市南京東路 4段 130號 2F-1
<電話>(02) 2577-8878
<傳真>(02) 2577-8896
<網址> http://www.tohan.com.tw
郵撥帳號　1405049-4
法律顧問　蕭雄淋律師
總 經 銷　聯合發行股份有限公司
<電話>(02) 2917-8022

國家圖書館出版品預行編目資料

喵星人的生活哲學：從工作、戀愛到人際,一掃煩憂的處世之道/Jam著；曹茹蘋譯. -- 初版. -- 臺北市：臺灣東販股份有限公司, 2023.02
156面；14.7×21公分
譯自：いつも心に猫ちゃんを：人生のモヤモヤがすっきり晴れる62の習慣
ISBN 978-626-329-653-4(平裝)

1.CST: 人生哲學

191.9　111019740

ITSUMO KOKORO NI NEKO CHAN WO

First original Japanese edition published by PHP Institute, Inc., Japan.
Traditional Chinese translation rights arranged with PHP Institute, Inc.